PONS

Verbtabellen Plus ENGLISCH

Alle Verbformen und wie man sie richtig anwendet

von
Stephan Buckenmaier
Samantha Scott

Ernst Klett Sprachen GmbH
Barcelona • Belgrad • Budapest • Ljubljana • London • Posen • Prag • Sofia
Stuttgart • Zagreb

PONS
Verbtabellen Plus
ENGLISCH

Alle Verbformen und wie man sie richtig anwendet

von
Stephan Buckenmaier
Samantha Scott

Auflage A1 6 5 4 3 / 2011 2010 2009 2008

Internet: www.pons.de
E-Mail: info@pons.de

Redaktion: Claudia Birkhold, Steffen Schneider, Elizabeth Webster
Logoentwurf: Erwin Poell, Heidelberg
Logoüberarbeitung: Sabine Redlin, Ludwigsburg
Titelfoto: Vlado Golub, Stuttgart
Einbandgestaltung: Schmidt & Dupont, Stuttgart
Layout/Satz: Satzkasten, Stuttgart
Druck und Bindung: L.E.G.O. S.p.A., in Lavis (TN)
Printed in Germany.
ISBN: 978-3-12-561350-8

Inhalt

So benutzen Sie dieses Buch

Sie wollen die Formen eines bestimmten Verbs kennen lernen und dabei auf Besonderheiten und Unregelmäßigkeiten aufmerksam gemacht werden, Sie möchten aber auch eine seltene Verbform schnell nachschlagen können.

Die PONS Verbtabellen Plus Englisch bieten Ihnen übersichtliche Konjugationstabellen zu 85 regelmäßigen und unregelmäßigen englischen Verben sowie eine Musterkonjugation für das Passiv. Die Konjugationsmuster zeigen Ihnen die wichtigsten Zeitformen – auch die zusammengesetzten – auf einen Blick; auf Besonderheiten wird durch farbige Hervorhebungen hingewiesen. Außerdem wird in exemplarischen Übersichten deutlich gemacht, bei welchen Formen sich die Schreibweise und die Aussprache ändern.

Aufbau der Konjugationstabellen

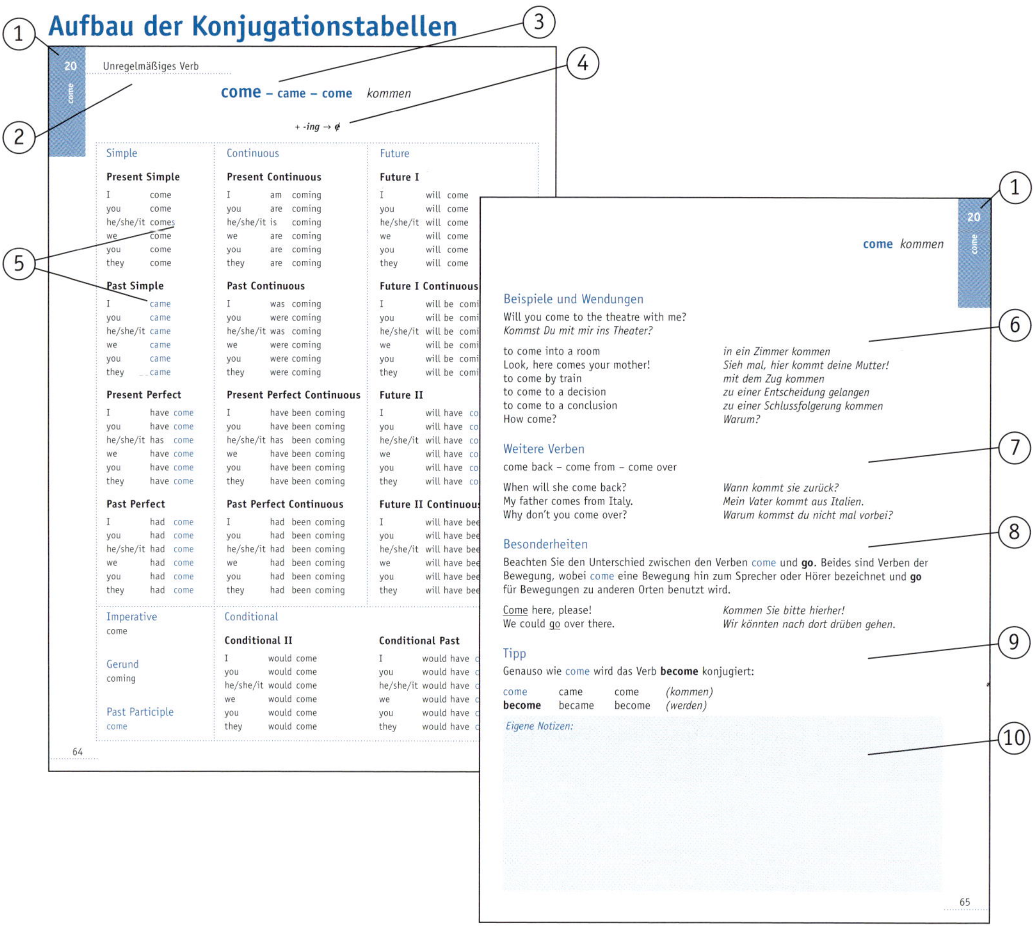

1. Konjugationsnummer: Mit Hilfe dieser Nummer lassen sich alle Verben, die in den alphabetischen Verblisten am Ende des Buches aufgelistet sind, dem jeweils entsprechenden Konjugationsmuster zuordnen.

2. Verbart: Hier erfahren Sie, ob es sich bei dem jeweiligen Verb um ein regelmäßiges oder unregelmäßiges Verb handelt. Auch Hilfsverben und Modalverben sind hier besonders gekennzeichnet.

3. Verb (mit Grundformen) und Übersetzung: Die Konjugationstabellen in diesem Buch stellen eine Auswahl englischer Verben dar, die im täglichen Sprachgebrauch häufig benutzt werden. Bei unregelmäßigen Verben finden Sie hier die drei folgenden Grundformen:
   1. Grundform: Infinitiv
   2. Grundform: Past Simple
   3. Grundform: Past Participle

   Zu jedem Verb wird hier auch die jeweils wichtigste deutsche Übersetzung angegeben.

4. Kurzcharakteristik: Hier finden Sie Hinweise zu den Besonderheiten und Unregelmäßigkeiten des Konjugationsmusters.

5. Farbige Hervorhebung: Kennzeichen der unregelmäßigen Verben und Besonderheiten der englischen Verben (z. B. 3. Person Singular -s) sowie Abweichungen in der Schreibweise sind blau hervorgehoben.

6. Beispiele und Wendungen: Zu jedem konjugierten Verb auf der linken Seite finden Sie hier rechts nützliche Beispiele und Wendungen.

7. Weitere Verben: Eine Reihe von Verben erhält in Verbindung mit bestimmten Präpositionen eine neue Bedeutung. Hier finden Sie eine Auswahl der wichtigsten Kombinationen mit Beispielsätzen oder Wendungen.

8. Besonderheiten: Hier erhalten Sie Informationen zu wichtigen Besonderheiten hinsichtlich der Konjugation, der Aussprache oder des Gebrauchs eines Verbs.

9. Tipp: Hier finden Sie Tipps zu Verben, die nach dem gleichen Muster konjugiert werden oder weiterführende Tipps, die Ihnen das Lernen der Verben in diesem Buch erleichtern sollen.

10. Eigene Notizen: Hier haben Sie Platz für Ihre eigenen Notizen. Notieren Sie sich hier z. B. weitere Verben, zusätzliche für Sie wichtige Wendungen oder setzen Sie hier Lerntipps gleich in die Tat um!

In der Liste der unregelmäßigen englischen Verben am Ende der PONS Verbtabellen Plus Englisch sehen Sie die gebräuchlichsten unregelmäßigen Verben mit ihren jeweiligen Grundformen auf einen Blick. Im Anschluss daran finden Sie ab Seite 200 eine Liste mit Verben, die mit bestimmten Präpositionen verwendet werden. Und ab Seite 206 können Sie in den alphabetischen Verblisten Englisch-Deutsch und Deutsch-Englisch alle in diesem Band konjugierten Verben nachschlagen. Sie erhalten dort auch einen Verweis auf die jeweilige Konjugationsnummer der einzelnen Verben.

Übrigens: Am Anfang dieses Buches sehen Sie die wichtigsten Grammatikbegriffe in einer übersichtlichen Liste. Und die Kurzgrammatik der englischen Verben bietet Ihnen einen systematischen Überblick über die Bildung und den Gebrauch der einzelnen Zeitformen, aber auch Wissenswertes zu Verbkategorien, unterschiedlichen Verbarten, den Modi und dem Passiv im Englischen. Viel Erfolg!

Grammatikbegriffe in der Übersicht

Englisch	*Lateinischer Ursprung*	*Deutsch*
active	Aktiv	Tätigkeitsform
antonym	Antonym	Gegenwort
auxiliary	Hilfsverb	Hilfszeitwort
conditional present	Konditional I	Bedingungsform I
conditional past	Konditional II	Bedingungsform II
conjugation	Konjugation	Beugung des Zeitworts
continuous form	progressive Form	Verlaufsform
consonant	Konsonant	Mitlaut
future	Futur I	unvollendete Zukunft
future 2 (future perfect)	Futur II	vollendete Zukunft
gerund	Gerundium	Gerundium
imperative	Imperativ	Befehlsform
infinitive	Infinitiv	Grundform des Zeitworts
intransitive verb	intransitives Verb	Zeitwort ohne direktes Objekt
irregular verb	unregelmäßiges Verb	unregelmäßiges Zeitwort
modal verb	Modalverb	Modalverb
object	Objekt	Ergänzung
participle	Partizip	Mittelwort
passive	Passiv	Leideform
past	Präteritum	Vergangenheit
past participle	Partizip Perfekt	Mittelwort der Vergangenheit
past perfect	Plusquamperfekt	Vorvergangenheit
plural	Plural	Mehrzahl
present	Präsens	Gegenwart
present perfect	Perfekt	vollendete Gegenwart
pronoun	Pronomen	Fürwort
reflexive verb	reflexives Verb	rückbezügliches Zeitwort
regular verb	regelmäßiges Verb	regelmäßiges Zeitwort
simple form	–	einfache Form
singular	Singular	Einzahl
subject	Subjekt	Satzgegenstand
synonym	Synonym	sinnverwandtes Wort
transitive verb	transitives Verb	Zeitwort mit direktem Objekt
verb	Verb	Zeitwort
vowel	Vokal	Selbstlaut

AE = amerikanisches Englisch
BE = britisches Englisch

Kurzgrammatik der englischen Verben

I. Verbkategorien

Die Veränderung des Verbs wird Konjugation genannt. Im Folgenden sehen Sie eine Übersicht der Kategorien, nach denen sich Verben in der Konjugation verändern.

1. Person und Numerus *(person and number)*

Genauso wie im Deutschen gibt es im Englischen drei Personen, die im **Singular** (Einzahl) und im **Plural** (Mehrzahl) verwendet werden.

	Singular	*Plural*
1. Person	**I**	**we**
2. Person	**you**	**you**
3. Person	**he, she, it**	**they**

2. Tempus und Aspekt *(tense and aspect)*

Das **Tempus** drückt aus, wann etwas passiert. Zunächst einmal unterscheidet man dabei drei Zeitstufen: die Vergangenheit *(past)*, die Gegenwart *(present)* und die Zukunft *(future)*. Darüber hinaus versteht man unter **Aspekt** die Art und Weise, in der die Zeit vom Sprecher erfahren wird. Im Englischen unterscheidet man drei Aspekte: Verbformen können einfach *(simple)*, in ihrem Verlauf *(continuous)*[1] und als vollendet *(perfect)* erfahren werden.

Aus den beiden Kategorien **Tempus** und **Aspekt** ergeben sich im Englischen die folgenden 12 Zeitformen:

Gegenwart	**Present Simple**	*He **plays** football.*
	Present Continuous	*He **is playing** football.*
	Present Perfect	*He **has played** football.*
	Present Perfect Continuous	*He **has been playing** football.*
Vergangenheit	**Past Simple**	*He **played** football.*
	Past Continuous	*He **was playing** football.*
	Past Perfect	*He **had played** football.*
	Past Perfect Continuous	*He **had been playing** football.*
Zukunft	**Future I**	*He **will play** football.*
	Future I Continuous	*He **will be playing** football.*
	Future II	*He **will have played** football.*
	Future II Continuous	*He **will have been playing** football.*

[1] In vielen Grammatikbüchern findet man anstatt *continuous* auch die Bezeichnung *progressive*.

Darüber hinaus gibt es noch zwei Zeitformen, die zur Bildung von irrealen **Konditionalsätzen** (Bedingungssätzen) gebraucht werden:

Gegenwart	**Conditional II**	*He **would play** football.*
Vergangenheit	**Conditional Past**	*He **would have played** football.*

Mehr zur Bildung und zum Gebrauch dieser Zeitformen erfahren Sie unter **III. Tempus** ab Seite 13.

3. Modus *(mood)*

Unter **Modus** versteht man die Art und Weise, in der der Sprecher die durch ein Verb ausgedrückte Handlung auffasst. Im Englischen gibt es drei Modi: den **Indikativ** *(indicative)*, den **Konjunktiv** *(subjunctive)* und den **Imperativ** *(imperative)*.

Indikativ	*He **plays** football.*
Konjunktiv	*If he **played** football, he would be happier.*
Imperativ	***Play** football!*

Mehr zu den Modi im Englischen finden Sie unter **IV. Modus** auf Seite 22.

4. Aktiv und Passiv *(active and passive voice)*

Viele Verben können sowohl aktiv als auch passiv gebraucht werden. Im **Aktiv** steht die handelnde Person im Vordergrund, während im **Passiv** die Handlung selbst hervorgehoben wird.

Aktiv	*He **plays** football.*
Passiv	*Football **is played** with two teams.*

Mehr zur Bildung des **Passivs** im Englischen lesen Sie auf den Seiten 23 – 24.

II. Verbarten

Im Englischen gibt es eine Reihe von unterschiedlichen Verbarten. Die wichtigsten lernen Sie im Folgenden kennen.

1. Vollverben, Hilfsverben und Modalverben

a) Vollverben *(full verbs)*

Die meisten Verben gehören zu den **Vollverben**. Das bedeutet:
- Sie können in Aussagesätzen allein (ohne ein Hilfsverb) stehen.
- Sie können im Passiv stehen.
- Sie können in der **-ing** Form stehen.

Aussagesatz	*He **plays** football.*
Passiv	*Football **is played** with two teams.*
***-ing** Form*	*He **is playing** football.*

b) Hilfsverben *(auxiliary verbs)*

Verben, die man in Verbindung mit Vollverben benutzt, um zusammengesetzte Zeitformen oder bestimmte Satztypen zu bilden, nennt man **Hilfsverben.** Im Englischen unterscheidet man drei Hilfsverben: **be** (Verb Nr. 5), **do** (Verb Nr. 25) und **have** (Verb Nr. 38).

be

Das Hilfsverb **be** benötigt man zur Bildung von **Continuous**-Formen und beim **Passiv:**

Present Continuous	*He **is** playing football.*
Present Perfect Continuous	*He **has been** playing football.*
Past Continuous	*He **was** playing football.*
Past Perfect Continuous	*He **had been** playing football.*
Future I Continuous	*He **will be** playing football.*
Future II Continuous	*He **will have been** playing football.*

Passiv	*Football **is** played with two teams.*

Verneinte Aussagesätze und Fragen, in denen **be** als Hilfsverb auftritt, benötigen nicht zusätzlich das Hilfsverb **do.** Man kann die konjugierte Form von **be** direkt verneinen und auch eine Frage direkt mit der konjugierten Form von **be** beginnen:

Verneinung	*He **isn't** playing football.*
Frage	***Is** he playing football?*

Achtung! Häufig verwendet man auch **Kurzformen** von **be:**

be		
I am	→	I'm
you are	→	you're
he / she / it is	→	he's / she's / it's
we are	→	we're
you are	→	you're
they are	→	they're

do

Das Hilfsverb **do** benutzt man in Verbindung mit Vollverben für die **Verneinung** von Aussagesätzen und bei der Bildung von **Fragen:**

Verneinung	*He **doesn't** play football.*
Frage	***Does** he play football?*

have

Das Hilfsverb **have** wird zur Bildung von **Perfect**-Formen benötigt:

Present Perfect	*He **has** played football.*
Present Perfect Continuous	*He **has** been playing football.*
Past Perfect	*He **had** played football.*
Past Perfect Continuous	*He **had** been playing football.*
Future II	*He will **have** played football.*
Future II Continuous	*He will **have** been playing football.*
Conditional Past	*He would **have** played football.*

Verneinte Aussagesätze und Fragen, in denen **have** als Hilfsverb auftritt, benötigen nicht zusätzlich das Hilfsverb **do**. Man kann die konjugierte Form von **have** direkt verneinen und auch eine Frage direkt mit der konjugierten Form von **have** beginnen:

Verneinung	*He **hasn't** played football.*
Frage	***Has** he played football?*

Achtung! Häufig benutzt man auch für **have** und **had** die folgenden **Kurzformen**:

have			**had**		
I have	→	I've	I had	→	I'd
you have	→	you've	you had	→	you'd
he / she / it has	→	he's / she's / it's	he / she / it had	→	he'd / she'd / it'd
we have	→	we've	we had	→	we'd
you have	→	you've	you had	→	you'd
they have	→	they've	they had	→	they'd

c) Modalverben *(modal verbs)*

In Verbindung mit einem Vollverb im Infinitiv gibt es im Englischen eine Reihe von **Modalverben** oder **modalen Hilfsverben** *(modal auxiliary verbs)*, die zum einen die Möglichkeit oder Wahrscheinlichkeit einer Handlung beschreiben können, zum anderen aber auch dazu dienen, Fähigkeiten, Erlaubnisse, Absichten oder Verbote auszudrücken.

Die wichtigsten Modalverben im Englischen sind **can / could** (Verb Nr. 13), **may / might**, **must** (Verb Nr. 56), **shall / should** und **will / would**.

Grammatikalische Besonderheiten

Bei Modalverben fehlt in der 3. Person Singular die Endung **-s**:

He <u>can</u> play football. — *Er kann Fußball spielen.*

Modalverben besitzen in der Regel nur eine Form, das heißt, sie sind unveränderlich und haben keine **-ing** Form und kein **Past Participle**.

Verneinte Aussagesätze und Fragen, in denen ein Modalverb auftritt, werden ohne das Hilfsverb **do** gebildet:

Verneinung	*He **can't** play football.*
Frage	***May** I play football?*

Nach einem Modalverb folgt immer ein Vollverb im Infinitiv ohne **to**:

He should play football. — *Er soll Fußball spielen.*

Modalverben und ihre Bedeutung

can / could

Das Modalverb **can** drückt vor allem eine *Fähigkeit* aus, oder es wird dazu benutzt, um *Erlaubnis* zu bitten:

He can play football. — *Er kann Fußball spielen.* (Fähigkeit)
Can I play football? — *Darf ich Fußball spielen?* (Erlaubnis)

Could wird zum einen als Vergangenheitsform von **can** benutzt, um eine *Fähigkeit* zu beschreiben. Es bringt aber auch eine *höfliche Bitte* oder eine *Möglichkeit* zum Ausdruck:

He could play football. — *Er konnte Fußball spielen.* (Fähigkeit)
Could I play football? — *Dürfte ich Fußball spielen?* (höfliche Bitte)
We could play football. — *Wir könnten Fußball spielen.* (Möglichkeit)

may / might

Die Modalverben **may** und **might** werden dazu benutzt, um *Erlaubnis* zu *bitten*, eine *Erlaubnis* zu *erteilen* oder eine *Möglichkeit* auszudrücken:

May / Might I play football? — *Darf ich Fußball spielen?*
You may / might play football. — *Du darfst Fußball spielen.*
He may / might play football. — *Er spielt möglicherweise Fußball.*

must

Das Modalverb **must** benutzt man, um auszudrücken, dass jemand etwas tun *muss*. Beachten Sie jedoch, dass die verneinte Form **must not** (Kurzform **mustn't**) *nicht dürfen* bedeutet:

You must play football. — *Du musst Fußball spielen.*
You mustn't play football. — *Du darfst nicht Fußball spielen.*

shall / should

Mit dem Modalverb **shall** spricht man über die *Zukunft*:

You shall play football one day. — *Du wirst eines Tages Fußball spielen.*

Should benutzt man häufig, um eine *Verpflichtung* auszudrücken:

You should play football. — *Du solltest Fußball spielen.*

will / would

Das Modalverb **will** drückt *Zukünftigkeit* aus:

You will play football. — *Du wirst Fußball spielen.*

Would benutzt man häufig in *unerfüllbaren Bedingungssätzen:*

I would play football if I were you. — *An deiner Stelle würde ich Fußball spielen.*

Achtung! Häufig benutzt man auch für **will** und **would** die folgenden **Kurzformen:**

will			would		
I will	→	I'll	I would	→	I'd
you will	→	you'll	you would	→	you'd
he / she / it will	→	he'll / she'll / it'll	he / she / it would	→	he'd / she'd / it'd
we will	→	we'll	we would	→	we'd
you will	→	you'll	you would	→	you'd
they will	→	they'll	they would	→	they'd

2. Transitive und intransitive Verben *(transitive and intransitive verbs)*

Eine Reihe von Verben benötigt im Satz mindestens *ein* Objekt, also eine Ergänzung. Solche Verben nennt man **transitive Verben:**

Anne likes dogs. — *Anne mag Hunde.*
Peter kissed Mary. — *Peter küsste Mary.*

Oft werden auch *zwei* Objekte benötigt:

Jeremy wrote me a letter. — *Jeremy schrieb mir einen Brief.*
Paul gave me a book. — *Paul gab mir ein Buch.*

Als **intransitive Verben** bezeichnet man dagegen Verben, die *kein* Objekt benötigen:

Anne slept. — *Anne schlief.*
The children cried. — *Die Kinder weinten.*

Manche Verben können sowohl **transitiv** als auch **intransitiv** gebraucht werden:

John is reading a book. — *John liest gerade ein Buch.*
John is reading. — *John liest gerade.*

3. Reflexive Verben und Reflexivpronomen *(reflexive verbs and reflexive pronouns)*

Reflexive Verben sind Verben, die in Verbindung mit den folgenden **Reflexivpronomen** *(myself, yourself, …)* verwendet werden:

I	enjoy	**myself**
you	enjoy	**yourself**
he	enjoys	**himself**
she	enjoys	**herself**
it	enjoys	**itself**

we	enjoy	**ourselves**
you	enjoy	**yourselves**
they	enjoy	**themselves**

Einige reflexive Verben im Deutschen sind jedoch im Englischen nicht reflexiv und benötigen daher kein Reflexivpronomen. Hier ein paar Beispiele:

I didn't shave yesterday. — *Gestern habe ich mich nicht rasiert.*
I need to wash first. — *Ich muss mich erst waschen.*
Have you dressed? — *Hast du dich schon angezogen?*

4. Verben ohne Verlaufsform *(non-progressive/stative verbs)*

Eine Reihe von Verben im Englischen kommt normalerweise nicht in der **Verlaufsform** *(continuous/progressive form)* vor. Diese lassen sich in drei Gruppen unterteilen:

Verben der Wahrnehmung

Zu diesen Verben gehören z. B. **notice, see, hear** und **feel.**

I saw/~~was seeing~~ her at the pub. — *Ich sah sie in der Kneipe.*

Verben, des Wissens, der Meinung, des Gefühls oder des Wunsches

Zu dieser Gruppe zählen unter anderem die Verben **know, believe, think, like, want** und **wish.**

She knows/~~is knowing~~ a lot. — *Sie weiß eine Menge.*

Weitere Verben

Eine Reihe von weiteren Verben kommt ebenfalls normalerweise nicht in der Verlaufsform vor. Dazu gehören z. B. **be, have, possess, belong, seem, mean, sound** und **look.**

You look/~~are looking~~ beautiful! — *Du siehst schön aus!*

III. Tempus

Auf den folgenden Seiten erfahren Sie mehr über den Gebrauch und die Bildung der verschiedenen Zeitformen im Englischen.

1. Present Simple

Man benutzt das **Present Simple** für Aussagen, die die Gegenwart betreffen, oder auch für Gewohnheiten und immer wiederkehrende Ereignisse. Darüber hinaus kann man im **Present Simple** auch über die Zukunft sprechen, z. B. wenn es um Abfahrts- oder Ankunftszeiten geht:

Our train leaves at 8 o'clock. — *Unser Zug fährt um acht Uhr ab.*

Das **Present Simple** wird mit der Grundform des Verbs gebildet. Nur die 3. Person Singular *(he/she/it)* wird verändert, indem ein **-s** angehängt wird.

Aussage		**Verneinung**			**Frage**		
I/we/you/they	live.	I/we/you/they	do not (don't)	live.	Do	I/we/you/they	live?
he/she/it	lives.	he/she/it	does not (doesn't)	live.	Does	he/she/it	live?
		Verneinte Sätze werden durch Hinzufügen von **don't/doesn't** gebildet.			Fragen werden gebildet, indem **do/does** am Satzanfang hinzugefügt wird. Hier bleibt die Grundform des Verbs erhalten.		

Achten Sie bei den folgenden Verben auf die richtige **Schreibung** der **Present Simple** Formen in der 3. Person Singular:

Verben, die auf *-ch, -sh, -ss, -o, -x* enden	Anhängen von *-es*	watch push go	watch**es** push**es** go**es**
Verben, die auf einen Konsonanten + *-y* enden	Anhängen von *-ies* Wegfall von *-y*	study try carry	stud**ies** tr**ies** carr**ies**
Aber: Verben, die auf einen Vokal + *-y* enden	Anhängen von *-s*	play buy enjoy	play**s** buy**s** enjoy**s**

Auch die **Aussprache** des **-s** in der 3. Person Singular ist im **Present Simple** unterschiedlich, je nachdem, was für ein Laut der Endung vorausgeht. Die Endung **-s** wird gesprochen:

nach stimmlosen Konsonanten	stimmlos* (**-s**)	waits gets cuts	wie ss in „nass" z. B. [gets]
nach stimmhaften Konsonanten und Vokalen	stimmhaft* (**-z**)	runs opens allows	wie s in „Sahne" z. B. [rʌnz]
nach einem Zischlaut, bei Bildung der 3. Person Singular auf *-es*	silbisch (**-iz**)	changes watches washes	wie das erste s in „business" z. B. ['wɒʃɪz]

* Es gibt zwei Arten von Konsonanten (Mitlauten) im Englischen: Bei **stimmhaften** Konsonanten spüren Sie bei der Aussprache eine Vibration am Kehlkopf. Diese Vibration spürt man bei **stimmlosen** Konsonanten nicht.

2. Present Continuous

Mit dem **Present Continuous** drückt man in der Gegenwart Handlungen aus, deren Verlauf man betonen möchte und die gerade im Gange sind:

I am washing the dishes. *Ich spüle gerade das Geschirr.*

Das **Present Continuous** wird mit der passenden Form von **to be (is / am / are)** + **-ing** Form eines Vollverbs gebildet.

Aussage			Verneinung			Frage		
I	am	living.	I	am not ('m not)	living.	Am	I	living?
he / she / it	is	living.	he /she / it	is not ('s not)	living.	Is	he / she / it	living?
we / you / they	are	living.	we / you / they	are not ('re not)	living.	Are	we / you / they	living?
			Verneinte Sätze werden durch Hinzufügen von **not** nach dem Pronomen gebildet.			Bei der Frageform steht **am / is / are** am Anfang des Satzes.		

Achten Sie bei den folgenden Verben auf die richtige **Schreibung** der **-ing** Form:

Verben, die auf *-e* enden	Wegfall von *-e* Anhängen von *-ing*	have dance	hav**ing** danc**ing**
Verben, die auf *-ee* enden	Anhängen von *-ing*	see	see**ing**
Verben, deren Endkonsonant betont ist und einem Vokal folgt	Konsonant wird verdoppelt	stop plan get begin	stop**ping** plan**ning** get**ting** begin**ning**
AUSNAHME: Im britischen Englisch (BE) wird ein -l am Ende, das einem Vokal folgt, auch bei unbetonter Silbe verdoppelt:		cancel cancel	cancelling (BE) canceling (AE)

3. Present Perfect

Das **Present Perfect** ist streng von der **Past Simple** Form zu unterscheiden, da es entgegen der einfachen Vergangenheit einen Bezug zur Gegenwart hat. Das **Present Perfect** bildet eine Brücke zwischen Vergangenheit und Gegenwart und wird häufig für Handlungen in der Vergangenheit benutzt, die eine Auswirkung auf die Gegenwart haben:

Have you found your keys? *Hast du deinen Schlüssel schon gefunden?*

Man bildet das **Present Perfect** mit **have** / **has** und dem **Past Participle** eines Vollverbs. Die regelmäßigen Formen werden durch Anhängen von **-ed** gebildet. Besonderheiten zur **Schreibung** und **Aussprache** der regelmäßigen Formen des **Past Participle** finden Sie auf Seite 17. Die unregelmäßigen Formen können Sie auf den Seiten 196 bis 199 nachlesen.

Aussage			Verneinung			Frage		
I / we / you / they	have	lived.	I / we / you / they	have not (haven't)	lived.	Have	I / we / you / they	lived?
he / she / it	has	lived.	he / she / it	has not (hasn't)	lived.	Has	he / she / it	lived?
			Verneinte Sätze werden durch Hinzufügen von **not** vor dem **Past Participle** gebildet.			Bei der Frageform steht **have / has** am Anfang des Satzes.		

4. Present Perfect Continuous

Das **Present Perfect Continuous** wird ähnlich wie das **Present Perfect** verwendet, jedoch steht hierbei der Verlauf einer Handlung im Vordergrund:

I have been working for two hours. *Ich habe zwei Stunden lang gearbeitet.*

Man bildet das **Present Perfect Continuous** mit **have / has been** + **-ing** Form eines Vollverbs.

Aussage			Verneinung			Frage		
I / we / you / they	have	been living.	I / we / you / they	have not (haven't)	been living.	Have	I / we / you / they	been living?
he / she / it	has	been living.	he / she / it	has not (hasn't)	been living.	Has	he / she / it	been living?
			Verneinte Sätze werden durch Hinzufügen von **not** vor dem Vollverb gebildet.			Bei der Frageform steht **have / has** am Anfang des Satzes.		

Besonderheiten zur **Schreibung** der **-ing** Form können Sie auf Seite 15 nachlesen.

5. Past Simple

Das **Past Simple** ist eine der gebräuchlichsten Vergangenheitsformen. Mit dem **Past Simple** berichtet man über Vorgänge in der Vergangenheit, die keinen direkten Bezug zur Gegenwart haben:

I went to the cinema last night. *Gestern Abend ging ich ins Kino.*

Man bildet das **Past Simple**, indem man **-ed** an die Grundform des Verbs anhängt.
Eine Liste mit unregelmäßigen Verben befindet sich auf den Seiten 196 bis 199.

Aussage		Verneinung			Frage		
I	lived.	I	did not (didn't)	live.	Did	I	live?
he / she / it		he / she / it				he / she / it	
we / you / they		we / you / they				we / you / they	
		Die Verneinung wird mit **did not** (**didn't**) und der Grundform gebildet.			Fragen werden mit dem Hilfsverb **do** gebildet. **Did** ist die Vergangenheitsform von **do / does** und steht am Anfang des Satzes. Das Verb steht in der Grundform.		

Achten Sie bei der **Schreibung** der Endung **-ed** im **Past Simple** und **Past Participle** auf die folgenden Besonderheiten:

Verben, die auf *-e* enden	Anhängen von *-d*	arrive change	arrive**d** change**d**
Verben, die auf einen Konsonanten + *-y* enden	*-y* wird zu *-ied*	carry try study	carr**ied** tr**ied** stud**ied**
Verben, die auf einen Vokal + Konsonant enden	Konsonant wird verdoppelt	stop plan	stop**ped** plan**ned**
Verben mit zwei Silben, die auf einen Konsonanten enden	Konsonant wird nur verdoppelt, wenn die letzte Silbe betont wird	prefer *aber* visit offer	prefer**red** visit**ed** offer**ed**
AUSNAHME: Im BE wird ein *-l* am Ende auch bei unbetonter Silbe verdoppelt. Im AE trifft dies nicht zu: travel travelled (BE) travel traveled (AE)			

Auch bei der **Aussprache** des **-ed** im **Past Simple** und **Past Participle** gibt es einige Besonderheiten. Die Endung **-ed** wird gesprochen:

nach stimmlosen Konsonanten (nach *-p, -f, -ss* usw.)	stimmlos (**-t**)	asked looked stopped	wie t in „Takt" z. B. [ɑːskt]
nach stimmhaften Konsonanten und Vokalen (nach *-b, -v, -g* usw.)	stimmhaft (**-d**)	allowed listened opened	wie d in „Ende" z. B. ['əʊpənd]
nach *-d* und *-t*	silbisch (**-id**)	needed waited wanted	wie id in „Widder" z. B. ['niːdɪd]

6. Past Continuous

Man verwendet das **Past Continuous** vor allem für Handlungen, die in der Vergangenheit zum Zeitpunkt einer neu einsetzenden Handlung bereits im Gange waren. Die neu einsetzende Handlung steht dabei im **Past Simple**:

I was listening to music when the telephone rang. — *Ich hörte gerade Musik, als das Telefon klingelte.*

Das **Past Continuous** wird mit **was / were** + **-ing** Form eines Vollverbs gebildet.

Aussage			Verneinung			Frage		
I / he / she / it	was	living.	I / he / she / it	was not	living.	Was	I / he / she / it	living?
we / you / they	were	living.	we / you / they	were not	living.	Were	we / you / they	living?
			Verneinte Sätze werden durch Hinzufügen von **not** nach **was** bzw. **were** gebildet.			Bei der Frageform steht **was / were** am Anfang des Satzes.		

Besonderheiten zur **Schreibung** der **-ing** Form können Sie auf Seite 15 nachlesen.

7. Past Perfect

Das **Past Perfect** benutzt man, um auszudrücken, dass ein Ereignis oder eine Handlung vor einem anderen Ereignis in der Vergangenheit stattgefunden hat:

When we had eaten, we went to the cinema. — *Nachdem wir gegessen hatten, gingen wir ins Kino.*

Man bildet das **Past Perfect** mit **had** und dem **Past Participle** eines Vollverbs. Die regelmäßigen Formen werden durch Anhängen von **-ed** gebildet. Besonderheiten zur **Schreibung** und **Aussprache** der regelmäßigen Formen des **Past Participle** finden Sie auf Seite 17. Die unregelmäßigen Formen können Sie auf den Seiten 196 bis 199 nachlesen.

Aussage			Verneinung			Frage		
I	had	lived.	I	had not (hadn't)	lived.	Had	I	lived?
he / she / it			he / she / it				he / she / it	
we / you / they			we / you / they				we / you / they	
			Verneinte Sätze werden durch Hinzufügen von **not** nach **had** gebildet.			Bei der Frageform steht **had** am Anfang des Satzes.		

8. Past Perfect Continuous

Das **Past Perfect Continuous** wird ähnlich wie das **Past Perfect** verwendet, jedoch steht hierbei der Verlauf einer Handlung im Vordergrund:

I had been working for two hours. — *Ich hatte zwei Stunden lang gearbeitet.*

Man bildet das **Past Perfect Continuous** mit **had been** + **-ing** Form eines Vollverbs.

Aussage			Verneinung			Frage		
I	had	been living.	I	had not (hadn't)	been living.	Had	I	been living?
he / she / it			he / she / it				he / she / it	
we / you / they			we / you / they				we / you / they	
			Verneinte Sätze werden durch Hinzufügen von **not** zwischen **had** und **been** gebildet.			Bei der Frageform steht **had** am Anfang des Satzes.		

Besonderheiten zur **Schreibung** der **-ing** Form können Sie auf Seite 15 nachlesen.

9. Future I

Mit dem **Future I** spricht man über Vorhersagen für die Zukunft:

I will be in London tomorrow. *Ich werde morgen in London sein.*

Das **Future I** wird mit **will** und der Grundform eines Vollverbs gebildet.

Aussage			**Verneinung**			**Frage**		
I	will	live.	I	will not (won't)	live.	Will	I	live?
he / she / it			he / she / it				he / she / it	
we / you / they			we / you / they				we / you / they	
			Verneinte Sätze werden durch Hinzufügen von **not** nach **will** gebildet. Achtung! Kurzform: **won't**			Bei der Frageform steht **will** am Anfang des Satzes.		

Beachten Sie, dass es im Englischen auch andere Möglichkeiten gibt, um über die Zukunft zu reden.

Wenn man z. B. über Abfahrts- und Ankunftszeiten in der Zukunft spricht, benutzt man oft das **Present Simple**:

Our train leaves tomorrow at eight o'clock. *Unser Zug fährt morgen um acht Uhr ab.*

Wenn man von festen Absichten für die Zukunft spricht, verwendet man anstatt **will** eine Konstruktion mit einer konjugierten Form von **be** (**am** / **are** / **is**) + **going to**:

I am going to wash the dishes tomorrow. *Ich werde das Geschirr morgen spülen.*

10. Future I Continuous

Mit dem **Future I Continuous** spricht man - ähnlich wie beim **Future I** - über Vorhersagen für die Zukunft, allerdings steht hierbei der Verlauf einer Handlung im Vordergrund:

I will be working all day tomorrow. *Ich werde morgen den ganzen Tag arbeiten.*

Das **Future I Continuous** wird mit **will be** + **-ing** Form eines Vollverbs gebildet.

Aussage			**Verneinung**			**Frage**		
I	will be	living.	I	will not be (won't)	living.	Will	I	be living?
he / she / it			he / she / it				he / she / it	
we / you / they			we / you / they				we / you / they	
			Verneinte Sätze werden durch Hinzufügen von **not** zwischen **will** und **be** gebildet.			Bei der Frageform steht **will** am Anfang des Satzes.		

Besonderheiten zur **Schreibung** der **-ing** Form können Sie auf Seite 15 nachlesen.

11. Future II

Das **Future II** benutzt man, um in der Zukunft über die Vergangenheit zu sprechen:

I will have finished my work tomorrow. *Morgen werde ich meine Arbeit erledigt haben.*

Man bildet das **Future II** mit **will have** und dem **Past Participle** eines Vollverbs. Die regelmäßigen Formen werden durch Anhängen von **-ed** gebildet. Besonderheiten zur **Schreibung** und **Aussprache** der regelmäßigen Formen des **Past Participle** finden Sie auf Seite 17. Die unregelmäßigen Formen können Sie auf den Seiten 196 bis 199 nachlesen.

Aussage			**Verneinung**			**Frage**		
I he / she / it we / you / they	will have	lived.	I he / she / it we / you / they	will not have (won't)	lived.	Will	I he / she / it we / you / they	have lived?
			Verneinte Sätze werden durch Hinzufügen von **not** zwischen **will** und **have** gebildet.			Bei der Frageform steht **will** am Anfang des Satzes.		

12. Future II Continuous

Das **Future II Continuous** benutzt man ähnlich wie das **Future II**, jedoch steht hierbei der Verlauf einer Handlung im Vordergrund:

I will have been working a lot by this time tomorrow. *Morgen um diese Zeit werde ich eine Menge gearbeitet haben.*

Man bildet das **Future II Continuous** mit **will have been** + **-ing** Form eines Vollverbs.

Aussage			**Verneinung**			**Frage**		
I he / she / it we / you / they	will have been	living.	I he / she / it we / you / they	will not have been (won't)	living.	Will	I he / she / it we / you / they	have been living?
			Verneinte Sätze werden durch Hinzufügen von **not** nach **will** gebildet.			Bei der Frageform steht **will** am Anfang des Satzes.		

Besonderheiten zur **Schreibung** der **-ing** Form können Sie auf Seite 15 nachlesen.

13. Conditional II

Das **Conditional II** wird mit **would** + Grundform eines Vollverbs gebildet.

Aussage			Verneinung			Frage		
I	would	live.	I	would not (wouldn't)	live.	Would	I	live?
he / she / it			he / she / it				he / she / it	
we / you / they			we / you / they				we / you / they	
			Verneinte Sätze werden durch Hinzufügen von **not** nach **would** gebildet.			Bei der Frageform steht **would** am Anfang des Satzes.		

14. Conditional Past

Das **Conditional Past** wird mit **would have** und dem **Past Participle** eines Vollverbs gebildet. Die regelmäßigen Formen bildet man durch Anhängen von **-ed**. Besonderheiten zur **Schreibung** und **Aussprache** der regelmäßigen Formen des **Past Participle** finden Sie auf Seite 17. Die unregelmäßigen Formen können Sie auf den Seiten 196 bis 199 nachlesen.

Aussage			Verneinung			Frage		
I	would have	lived.	I	would not have (wouldn't)	lived.	Would	I	have lived?
he / she / it			he / she / it				he / she / it	
we / you / they			we / you / they				we / you / they	
			Verneinte Sätze werden durch Hinzufügen von **not** nach **would** gebildet.			Bei der Frageform steht **would** am Anfang des Satzes.		

Die beiden Formen **Conditional II** und **Conditional Past** werden vor allem in **Bedingungssätzen** *(conditional clauses)* verwendet. Im Englischen unterscheidet man drei Arten von Bedingungssätzen:

erfüllbare Bedingung

Wenn eine Bedingung erfüllbar ist, benutzt man im **if**-Satz das **Present Simple** und im Hauptsatz das **Future I**:

If I feel better,
I will work tomorrow.

Wenn ich mich besser fühle,
arbeite ich morgen.

unerfüllbare Bedingung

Bei einer unerfüllbaren Bedingung benutzt man im **if**-Satz das **Past Simple** und im Hauptsatz das **Conditional II**:

If I felt better,
I would work tomorrow.

Wenn ich mich besser fühlen würde,
würde ich morgen arbeiten.

nicht mehr erfüllbare Bedingung

Bei einer nicht mehr erfüllbaren Bedingung verwendet man im **if**-Satz das **Past Perfect** und im Hauptsatz das **Conditional Past**:

If I had felt better, I would have worked.	*Wenn ich mich besser gefühlt hätte, hätte ich gearbeitet.*

IV. Modus

Im Englischen unterscheidet man drei Modi des Verbs: den **Indikativ** *(indicative)*, den **Konjunktiv** *(subjunctive)* und den **Imperativ** *(imperative)*.

1. Indikativ *(indicative)*

In Aussagesätzen stehen die meisten Verben im **Indikativ**:

He plays football.	*Er spielt Fußball.*

2. Konjunktiv *(subjunctive)*

Den **Konjunktiv** benutzt man im Englischen vor allem in *Bedingungssätzen*, für *Wünsche* oder in einer Reihe von *feststehenden Wendungen*:

Bedingungssätze

If I were you, I would call her.	*An deiner Stelle würde ich sie anrufen.*
If you had called her, she would have been happy.	*Wenn du sie angerufen hättest, wäre sie glücklich gewesen.*

Wünsche

I wish you were here.	*Ich wünschte mir, dass du hier wärst.*

feststehende Wendungen

God save the Queen!	*Gott schütze die Königin!*
So be it!	*So sei es!*

3. Imperativ *(imperative)*

Um einen *Befehl* oder eine *Aufforderung* auszudrücken, benutzt man den **Imperativ** (die Befehlsform).

Der **Imperativ** für die **2. Person Singular** und die **2. Person Plural** entspricht der Form des **Infinitivs**:

Come in, Peter.	*Komm/Kommen Sie herein, Peter!*
Be careful, you two.	*Seid vorsichtig, ihr beiden!*

Einen **verneinten Imperativ** bildet man mit **do not / don't + Infinitiv**:
Don't walk on the grass. *Betreten Sie bitte nicht den Rasen!*

Den **Imperativ**, bei dem der Sprecher mit eingeschlossen ist, bildet man mit **let us / let's + Infinitiv**:
Let's go shopping. *Lass(t) uns einkaufen gehen!*

V. Passiv

Bildung

Im Englischen bildet man das **Passiv** (die Leideform) mit einer konjugierten Form des Hilfsverbs **be** und dem **Past Participle** eines Vollverbs. Die einzelnen Zeitformen des **Passivs** finden Sie im Überblick auf Seite 24.

Gebrauch

Das **Passiv** findet man vor allem in Sach- und Fachtexten. Man beschreibt mit dem **Passiv**, was mit einer Person oder Sache gemacht wird.

Aktiv

He waters the flowers.

Passiv

The flowers are watered.

Beim **Aktiv** steht die *handelnde Person* im Mittelpunkt, beim **Passiv** der *Vorgang* selbst.

Da die Person nicht so wichtig ist, muss sie auch nicht genannt werden. Soll eine handelnde Person genannt werden, steht sie in Verbindung mit der Präposition **by**:
The flowers are watered by the gardener. *Die Blumen werden vom Gärtner gegossen.*

Beachten Sie, dass **Passivformen** unterschiedlich ins Deutsche übersetzt werden können, je nachdem, ob ein *Zustand* oder ein *Vorgang* beschrieben wird:
The door is locked. *Die Tür ist geschlossen.* (Zustand)
Die Tür wird geschlossen. (Vorgang)

Einige Beispiele und Wendungen zum **Passiv** im Englischen, sowie die wichtigsten Besonderheiten finden Sie auch auf Seite 25.

Passiv *Leideform*

Das Passiv wird mit dem Hilfsverb to be (is / was / has been usw.) und dem Partizip Perfekt (cleaned / done / sold usw.) gebildet.

Simple

Present Simple

I	am	taught
you	are	taught
he/she/it	is	taught
we	are	taught
you	are	taught
they	are	taught

Past Simple

I	was	taught
you	were	taught
he/she/it	was	taught
we	were	taught
you	were	taught
they	were	taught

Present Perfect

I	have	been taught
you	have	been taught
he/she/it	has	been taught
we	have	been taught
you	have	been taught
they	have	been taught

Past Perfect

I	had	been taught
you	had	been taught
he/she/it	had	been taught
we	had	been taught
you	had	been taught
they	had	been taught

Continuous

Present Continuous

I	am	being taught
you	are	being taught
he/she/it	is	being taught
we	are	being taught
you	are	being taught
they	are	being taught

Past Continuous

I	was	being taught
you	were	being taught
he/she/it	was	being taught
we	were	being taught
you	were	being taught
they	were	being taught

Present Perfect Continuous

I	have been	being taught
you	have been	being taught
he/she/it	has been	being taught
we	have been	being taught
you	have been	being taught
they	have been	being taught

Past Perfect Continuous

I	had	been being taught
you	had	been being taught
he/she/it	had	been being taught
we	had	been being taught
you	had	been being taught
they	had	been being taught

Future

Future I

I	will be taught
you	will be taught
he/she/it	will be taught
we	will be taught
you	will be taught
they	will be taught

Future I Continuous

I	will be	being taught
you	will be	being taught
he/she/it	will be	being taught
we	will be	being taught
you	will be	being taught
they	will be	being taught

Future II

I	will have	been taught
you	will have	been taught
he/she/it	will have	been taught
we	will have	been taught
you	will have	been taught
they	will have	been taught

Future II Continuous

I	will have been being taught
you	will have been being taught
he/she/it	will have been being taught
we	will have been being taught
you	will have been being taught
they	will have been being taught

Imperative

be + Past Participle*

Gerund

being taught

Conditional

Conditional II

I	would	be taught
you	would	be taught
he/she/it	would	be taught
we	would	be taught
you	would	be taught
they	would	be taught

Conditional Past

I	would have	been taught
you	would have	been taught
he/she/it	would have	been taught
we	would have	been taught
you	would have	been taught
they	would have	been taught

*selten

Passiv *Leideform*

Beispiele und Wendungen

Our house was built in 2006.
Unser Haus wurde 2006 gebaut.

My car is being repaired at the moment.
Mein Auto wird gerade repariert.

English is spoken in Great Britain.	*In Großbritannien wird Englisch gesprochen.*
The concert is sold out.	*Das Konzert ist ausverkauft.*
My brother was born in 1989.	*Mein Bruder wurde 1989 geboren.*
He was told that ...	*Ihm wurde gesagt, dass ...*
The company was founded in 1976.	*Die Firma wurde 1976 gegründet.*
She was killed in an accident.	*Sie kam bei einem Unfall ums Leben.*
This drink is best served cold.	*Dieses Getränk wird am besten kalt serviert.*
I've been robbed!	*Ich wurde bestohlen!*

Besonderheiten

Wenn man in Passivsätzen den Urheber einer Handlung nennen will, wird dieser immer mit **by** angeschlossen:

The thief has already been arrested **by** the police.
Der Dieb wurde bereits von der Polizei festgenommen.

Es kann vorkommen, dass eine Passivform unterschiedlich übersetzt wird, je nachdem, ob ein Vorgang oder ein Zustand beschrieben wird. Vergleichen Sie:

The door is locked at 8 o'clock every night.
→ *Die Tür wird jeden Abend um 8 Uhr geschlossen.*

The door is locked – I can't get in!
→ *Die Tür ist geschlossen – ich komme nicht hinein!*

Eigene Notizen:

allow *erlauben*

Simple

Present Simple

I	allow
you	allow
he/she/it	allows
we	allow
you	allow
they	allow

Past Simple

I	allowed
you	allowed
he/she/it	allowed
we	allowed
you	allowed
they	allowed

Present Perfect

I	have	allowed
you	have	allowed
he/she/it	has	allowed
we	have	allowed
you	have	allowed
they	have	allowed

Past Perfect

I	had	allowed
you	had	allowed
he/she/it	had	allowed
we	had	allowed
you	had	allowed
they	had	allowed

Continuous

Present Continuous

I	am	allowing
you	are	allowing
he/she/it	is	allowing
we	are	allowing
you	are	allowing
they	are	allowing

Past Continuous

I	was	allowing
you	were	allowing
he/she/it	was	allowing
we	were	allowing
you	were	allowing
they	were	allowing

Present Perfect Continuous

I	have been	allowing
you	have been	allowing
he/she/it	has been	allowing
we	have been	allowing
you	have been	allowing
they	have been	allowing

Past Perfect Continuous

I	had been	allowing
you	had been	allowing
he/she/it	had been	allowing
we	had been	allowing
you	had been	allowing
they	had been	allowing

Future

Future I

I	will	allow
you	will	allow
he/she/it	will	allow
we	will	allow
you	will	allow
they	will	allow

Future I Continuous

I	will be	allowing
you	will be	allowing
he/she/it	will be	allowing
we	will be	allowing
you	will be	allowing
they	will be	allowing

Future II

I	will have	allowed
you	will have	allowed
he/she/it	will have	allowed
we	will have	allowed
you	will have	allowed
they	will have	allowed

Future II Continuous

I	will have been	allowing
you	will have been	allowing
he/she/it	will have been	allowing
we	will have been	allowing
you	will have been	allowing
they	will have been	allowing

Imperative
allow

Gerund
allowing

Past Participle
allowed

Conditional

Conditional II

I	would	allow
you	would	allow
he/she/it	would	allow
we	would	allow
you	would	allow
they	would	allow

Conditional Past

I	would have	allowed
you	would have	allowed
he/she/it	would have	allowed
we	would have	allowed
you	would have	allowed
they	would have	allowed

allow *erlauben*

Beispiele und Wendungen

My parents allowed me to go to a concert.
Meine Eltern erlaubten mir, zu einem Konzert zu gehen.

You're not allowed to smoke in this restaurant!
Man darf in diesem Restaurant nicht rauchen!

to allow sb to do sth	*jmdm. erlauben etw. zu tun*
He didn't allow us enough time.	*Er hat uns nicht genug Zeit gelassen.*
I'm not allowed any sweets.	*Ich darf keine Süßigkeiten essen.*
Please allow me through!	*Lassen Sie mich bitte durch!*
to be allowed to do sth	*etwas tun dürfen*
Allow some time for this!	*Planen Sie einige Zeit dafür ein!*
to allow that ...	*zugeben/eingestehen, dass ...*
Allow me, ... !	*Sie gestatten, ... !*
If time allows ...	*Wenn die Zeit reicht ...*

Besonderheiten

Die Verben allow und **permit** haben eine sehr ähnliche Bedeutung, wobei **permit** etwas förmlicher ist. Beachten Sie, dass in der Passivkonstruktion mit *it* jedoch nur **permit** verwendet wird. Es heißt also:

It is not permitted to smoke in here! und <u>nicht</u>:
*It is not ~~allowed~~ to smoke in here!

Tipp

Prägen Sie sich dieses Verb gut ein. Wenn Sie die Formen beherrschen, können Sie die meisten regelmäßigen Verben konjugieren, ohne dafür eigene Formen lernen zu müssen.

Eigene Notizen:

answer *antworten*

Simple

Present Simple

I	answer
you	answer
he/she/it	answers
we	answer
you	answer
they	answer

Past Simple

I	answered
you	answered
he/she/it	answered
we	answered
you	answered
they	answered

Present Perfect

I	have	answered
you	have	answered
he/she/it	has	answered
we	have	answered
you	have	answered
they	have	answered

Past Perfect

I	had	answered
you	had	answered
he/she/it	had	answered
we	had	answered
you	had	answered
they	had	answered

Continuous

Present Continuous

I	am	answering
you	are	answering
he/she/it	is	answering
we	are	answering
you	are	answering
they	are	answering

Past Continuous

I	was	answering
you	were	answering
he/she/it	was	answering
we	were	answering
you	were	answering
they	were	answering

Present Perfect Continuous

I	have been	answering
you	have been	answering
he/she/it	has been	answering
we	have been	answering
you	have been	answering
they	have been	answering

Past Perfect Continuous

I	had been	answering
you	had been	answering
he/she/it	had been	answering
we	had been	answering
you	had been	answering
they	had been	answering

Future

Future I

I	will	answer
you	will	answer
he/she/it	will	answer
we	will	answer
you	will	answer
they	will	answer

Future I Continuous

I	will be	answering
you	will be	answering
he/she/it	will be	answering
we	will be	answering
you	will be	answering
they	will be	answering

Future II

I	will have	answered
you	will have	answered
he/she/it	will have	answered
we	will have	answered
you	will have	answered
they	will have	answered

Future II Continuous

I	will have been	answering
you	will have been	answering
he/she/it	will have been	answering
we	will have been	answering
you	will have been	answering
they	will have been	answering

Imperative

answer

Gerund

answering

Past Participle

answered

Conditional

Conditional II

I	would	answer
you	would	answer
he/she/it	would	answer
we	would	answer
you	would	answer
they	would	answer

Conditional Past

I	would have	answered
you	would have	answered
he/she/it	would have	answered
we	would have	answered
you	would have	answered
they	would have	answered

answer *antworten*

Beispiele und Wendungen

Please, answer me!
Antworte mir, bitte!

I will answer the telephone while you're in the bathroom.
Ich werde ans Telefon gehen, während du im Bad bist.

He answered that he …	*Er antwortete, dass er …*
to answer a question	*eine Frage beantworten*
to answer yes or no	*mit Ja oder Nein antworten*
to answer the door	*die Tür öffnen*
to answer the telephone	*ans Telefon gehen*
to answer an e-mail	*eine E-Mail beantworten*
to answer a need	*einem Bedürfnis entgegenkommen*
to answer (to) a description	*einer Beschreibung entsprechen*

Weitere Verben

answer back – answer for

to answer sb back	*jmdm. freche Antworten geben / widersprechen*
to answer for sb / sth	*für jmdn. / etw. verantwortlich sein*

Besonderheiten

Auch die Verben **reply** und **respond** bedeuten *antworten*. **Reply** wird oft benutzt, wenn der tatsächliche Wortlaut einer Antwort erwähnt wird. **Respond** ist etwas förmlicher und wird eher im Zusammenhang mit Kritik gebraucht.

"Why not?," he replied.	*„Warum nicht?", antwortete er.*
She responded to the complaint.	*Sie reagierte auf die Beschwerde.*

Eigene Notizen:

arrive *ankommen*

+ ***-ing*** → ***e̸*** / + ***-d*** nicht ***-ed***

Simple

Present Simple

I	arrive
you	arrive
he/she/it	arrives
we	arrive
you	arrive
they	arrive

Past Simple

I	arrived
you	arrived
he/she/it	arrived
we	arrived
you	arrived
they	arrived

Present Perfect

I	have	arrived
you	have	arrived
he/she/it	has	arrived
we	have	arrived
you	have	arrived
they	have	arrived

Past Perfect

I	had	arrived
you	had	arrived
he/she/it	had	arrived
we	had	arrived
you	had	arrived
they	had	arrived

Continuous

Present Continuous

I	am	arriving
you	are	arriving
he/she/it	is	arriving
we	are	arriving
you	are	arriving
they	are	arriving

Past Continuous

I	was	arriving
you	were	arriving
he/she/it	was	arriving
we	were	arriving
you	were	arriving
they	were	arriving

Present Perfect Continuous

I	have been	arriving
you	have been	arriving
he/she/it	has been	arriving
we	have been	arriving
you	have been	arriving
they	have been	arriving

Past Perfect Continuous

I	had been	arriving
you	had been	arriving
he/she/it	had been	arriving
we	had been	arriving
you	had been	arriving
they	had been	arriving

Future

Future I

I	will	arrive
you	will	arrive
he/she/it	will	arrive
we	will	arrive
you	will	arrive
they	will	arrive

Future I Continuous

I	will be	arriving
you	will be	arriving
he/she/it	will be	arriving
we	will be	arriving
you	will be	arriving
they	will be	arriving

Future II

I	will have	arrived
you	will have	arrived
he/she/it	will have	arrived
we	will have	arrived
you	will have	arrived
they	will have	arrived

Future II Continuous

I	will have been	arriving
you	will have been	arriving
he/she/it	will have been	arriving
we	will have been	arriving
you	will have been	arriving
they	will have been	arriving

Imperative
arrive

Gerund
arriving

Past Participle
arrived

Conditional

Conditional II

I	would	arrive
you	would	arrive
he/she/it	would	arrive
we	would	arrive
you	would	arrive
they	would	arrive

Conditional Past

I	would have	arrived
you	would have	arrived
he/she/it	would have	arrived
we	would have	arrived
you	would have	arrived
they	would have	arrived

arrive *ankommen*

Beispiele und Wendungen

Her train arrives at platform 3.
Ihr Zug kommt an Gleis 3 an.

Your letter arrived yesterday, thanks a lot!
Dein Brief ist gestern angekommen, vielen Dank dafür!

to arrive at / in a place	*an einem Ort ankommen*
She has just arrived from Paris!	*Sie ist gerade aus Paris angekommen!*
to arrive by train	*mit dem Zug (an)kommen*
He'll arrive in / on time.	*Er wird rechtzeitig ankommen.*
to arrive at the conclusion that …	*zu dem Schluss gelangen, dass …*
to arrive at an idea	*auf eine Idee kommen*
to arrive at a decision	*zu einer Entscheidung gelangen*
to arrive at a result	*zu einem Ergebnis kommen*
to arrive at a price	*sich auf einen Preis einigen*

Besonderheiten

Muss man für eine Reise mehr Zeit oder auch größere Anstrengungen aufwenden, benutzt man häufig anstelle von arrive auch das Verb **reach**:

They reached the peak of the mountain in the evening.
Am Abend erreichten sie den Gipfel des Berges.

Tipp

Lernen Sie die Verben in diesem Buch immer zusammen mit der jeweils erforderlichen Präposition, also nicht nur arrive allein, sondern **arrive at / in / from** usw. Am besten ist es, wenn Sie sich die Verben mit ihren Präpositionen in einem konkreten Satz einprägen.

Eigene Notizen:

ask *fragen*

Simple

Present Simple

I	ask
you	ask
he/she/it	asks
we	ask
you	ask
they	ask

Past Simple

I	asked
you	asked
he/she/it	asked
we	asked
you	asked
they	asked

Present Perfect

I	have	asked
you	have	asked
he/she/it	has	asked
we	have	asked
you	have	asked
they	have	asked

Past Perfect

I	had	asked
you	had	asked
he/she/it	had	asked
we	had	asked
you	had	asked
they	had	asked

Continuous

Present Continuous

I	am	asking
you	are	asking
he/she/it	is	asking
we	are	asking
you	are	asking
they	are	asking

Past Continuous

I	was	asking
you	were	asking
he/she/it	was	asking
we	were	asking
you	were	asking
they	were	asking

Present Perfect Continuous

I	have been	asking
you	have been	asking
he/she/it	has been	asking
we	have been	asking
you	have been	asking
they	have been	asking

Past Perfect Continuous

I	had been	asking
you	had been	asking
he/she/it	had been	asking
we	had been	asking
you	had been	asking
they	had been	asking

Future

Future I

I	will	ask
you	will	ask
he/she/it	will	ask
we	will	ask
you	will	ask
they	will	ask

Future I Continuous

I	will be	asking
you	will be	asking
he/she/it	will be	asking
we	will be	asking
you	will be	asking
they	will be	asking

Future II

I	will have	asked
you	will have	asked
he/she/it	will have	asked
we	will have	asked
you	will have	asked
they	will have	asked

Future II Continuous

I	will have been	asking
you	will have been	asking
he/she/it	will have been	asking
we	will have been	asking
you	will have been	asking
they	will have been	asking

Imperative

ask

Gerund

asking

Past Participle

asked

Conditional

Conditional II

I	would	ask
you	would	ask
he/she/it	would	ask
we	would	ask
you	would	ask
they	would	ask

Conditional Past

I	would have	asked
you	would have	asked
he/she/it	would have	asked
we	would have	asked
you	would have	asked
they	would have	asked

ask *fragen*

Beispiele und Wendungen

"What time is it?," she asked.
„Wieviel Uhr ist es?", fragte sie.

His teacher asked him a very difficult question.
Sein Lehrer stellte ihm eine sehr schwierige Frage.

to ask sb a question	*jmdm. eine Frage stellen*
to ask sb a favour	*jmdn. um einen Gefallen bitten*
to ask for help	*um Hilfe bitten*
to ask £50 for sth	*50 Pfund für etwas verlangen*
Don't ask me!	*Frag' mich doch nicht!*
I ask you!	*Ich bitte dich!*
If you ask me ...	*Wenn Du mich fragst ...*

Weitere Verben

ask after – ask in – ask out – ask over

to ask after sb (AE)	*sich nach jmdm. erkundigen*
to ask sb in for a coffee	*jmdn. auf einen Kaffee hereinbitten*
I'd like to ask you out!	*Ich würde gerne mit dir ausgehen!*
You could ask Martin over.	*Du könntest Martin zu uns einladen.*

Besonderheiten

ask wird benutzt, wenn man jemanden darum bittet, einem etwas zu *sagen*.
Bittet man jedoch eine Person darum, einem etwas zu *geben*, dann verwendet man **ask for**.
Vergleichen Sie:

May I ask you your name?	*Darf ich Sie nach Ihrem Namen fragen?*
May I ask you for money?	*Darf ich Sie um Geld bitten?*

Eigene Notizen:

Unregelmäßiges Verb
Voll- und Hilfsverb

be – was / were – been *sein*

Die Verlaufsformen von *be* werden für die Bildung des Passivs verwendet.

Simple

Present Simple

I	am
you	are
he/she/it	is
we	are
you	are
they	are

Past Simple

I	was
you	were
he/she/it	was
we	were
you	were
they	were

Present Perfect

I	have	been
you	have	been
he/she/it	has	been
we	have	been
you	have	been
they	have	been

Past Perfect

I	had	been
you	had	been
he/she/it	had	been
we	had	been
you	had	been
they	had	been

Continuous

Present Continuous

I	am	being
you	are	being
he/she/it	is	being
we	are	being
you	are	being
they	are	being

Past Continuous

I	was	being
you	were	being
he/she/it	was	being
we	were	being
you	were	being
they	were	being

Present Perfect Continuous

I	have	been	being
you	have	been	being
he/she/it	has	been	being
we	have	been	being
you	have	been	being
they	have	been	being

Past Perfect Continuous

I	had	been	being
you	had	been	being
he/she/it	had	been	being
we	had	been	being
you	had	been	being
they	had	been	being

Future

Future I

I	will	be
you	will	be
he/she/it	will	be
we	will	be
you	will	be
they	will	be

Future I Continuous

I	will be	being
you	will be	being
he/she/it	will be	being
we	will be	being
you	will be	being
they	will be	being

Future II

I	will have	been
you	will have	been
he/she/it	will have	been
we	will have	been
you	will have	been
they	will have	been

Future II Continuous

I	will have	been	being
you	will have	been	being
he/she/it	will have	been	being
we	will have	been	being
you	will have	been	being
they	will have	been	being

Imperative
be

Gerund
being

Past Participle
been

Conditional

Conditional II

I	would	be
you	would	be
he/she/it	would	be
we	would	be
you	would	be
they	would	be

Conditional Past

I	would have	been
you	would have	been
he/she/it	would have	been
we	would have	been
you	would have	been
they	would have	been

Beispiele und Wendungen

My daughter is thirteen years old.
Meine Tochter ist dreizehn Jahre alt.

You are always complaining about the weather!
Du beklagst dich andauernd über das Wetter!

I am from …	*Ich komme aus …*
These books are 50p each.	*Diese Bücher kosten jeweils 50 Pence.*
to be late / on time	*zu spät / rechtzeitig kommen*
to be in trouble	*in Schwierigkeiten sein*
to be on holiday / on a diet	*im Urlaub / auf Diät sein*
What are you up to?	*Was hast du vor?*
There is / are …	*Es gibt …*
Be careful!	*Sei vorsichtig!*
as it were	*sozusagen*
So be it!	*So sei es! / Sei's drum!*

Besonderheiten

Das Verb be tritt im Englischen als Voll- und Hilfsverb auf. Als Hilfsverb wird es zur Bildung von **continuous**-Formen und für das **Passiv** benutzt. Mehr dazu finden Sie auf Seite 9 und 24.

Tipp

Trainieren Sie die Konjugationen des unregelmäßigen Verbs be, indem Sie würfeln.
Die gewürfelte Zahl entspricht dann jeweils der Person, deren Verbform Sie bilden:
1 – **I**; 2 – **you**; 3 – **he**, **she**, **it**; 4 – **we**; 5 – **you**; 6 – **they**.

Wenn Sie also die **past simple**-Formen üben wollen und eine 6 würfeln, dann ist die richtige Lösung: **they were**.

Eigene Notizen:

become – became – become *werden*

+ *-ing* → ~~e~~

Simple

Present Simple

I	become
you	become
he/she/it	becomes
we	become
you	become
they	become

Past Simple

I	became
you	became
he/she/it	became
we	became
you	became
they	became

Present Perfect

I	have	become
you	have	become
he/she/it	has	become
we	have	become
you	have	become
they	have	become

Past Perfect

I	had	become
you	had	become
he/she/it	had	become
we	had	become
you	had	become
they	had	become

Continuous

Present Continuous

I	am	becoming
you	are	becoming
he/she/it	is	becoming
we	are	becoming
you	are	becoming
they	are	becoming

Past Continuous

I	was	becoming
you	were	becoming
he/she/it	was	becoming
we	were	becoming
you	were	becoming
they	were	becoming

Present Perfect Continuous

I	have been	becoming
you	have been	becoming
he/she/it	has been	becoming
we	have been	becoming
you	have been	becoming
they	have been	becoming

Past Perfect Continuous

I	had been	becoming
you	had been	becoming
he/she/it	had been	becoming
we	had been	becoming
you	had been	becoming
they	had been	becoming

Future

Future I

I	will	become
you	will	become
he/she/it	will	become
we	will	become
you	will	become
they	will	become

Future I Continuous

I	will be	becoming
you	will be	becoming
he/she/it	will be	becoming
we	will be	becoming
you	will be	becoming
they	will be	becoming

Future II

I	will have	become
you	will have	become
he/she/it	will have	become
we	will have	become
you	will have	become
they	will have	become

Future II Continuous

I	will have been	becoming
you	will have been	becoming
he/she/it	will have been	becoming
we	will have been	becoming
you	will have been	becoming
they	will have been	becoming

Imperative

become

Gerund

becoming

Past Participle

become

Conditional

Conditional II

I	would	become
you	would	become
he/she/it	would	become
we	would	become
you	would	become
they	would	become

Conditional Past

I	would have	become
you	would have	become
he/she/it	would have	become
we	would have	become
you	would have	become
they	would have	become

become *werden*

Beispiele und Wendungen

She became Queen in 1952.
Sie ist 1952 Königin geworden.

to become a father / an actor	*Vater / Schauspieler werden*
to become angry	*böse werden*
to become convinced that …	*zu der Überzeugung kommen, dass …*
It became clear that …	*Es wurde klar, dass …*
to become interested in sb / sth	*anfangen, sich für jmdn. / etw. zu interessieren*
This blouse becomes you!	*Diese Bluse steht dir (gut)!*

Besonderheiten

Die Verben become und **get** werden oft synonym verwendet, wobei become in der Schriftsprache und **get** in der gesprochenen Sprache häufiger ist:

The sky became / got dark. — *Der Himmel wurde dunkel.*

Beachten Sie außerdem, dass auf **become** immer ein Adjektiv und kein Adverb folgt.
Man sagt also nicht:

*The sky became ~~darkly~~. sondern The sky became dark.

Tipp

Genauso wie become wird das Verb **come** konjugiert:

become	became	become	*(werden)*
come	came	come	*(kommen)*

Neue Wendungen können Sie effektiver lernen, wenn Sie diese in einem Zusammenhang lernen, der mit Ihrem eigenen Leben zu tun hat, z. B.:

I'd like to become famous! — *Ich möchte berühmt werden!*

Eigene Notizen:

begin – began – begun *beginnen/anfangen*

Konsonantenverdopplung

Simple

Present Simple

I	begin
you	begin
he/she/it	begins
we	begin
you	begin
they	begin

Past Simple

I	began
you	began
he/she/it	began
we	began
you	began
they	began

Present Perfect

I	have	begun
you	have	begun
he/she/it	has	begun
we	have	begun
you	have	begun
they	have	begun

Past Perfect

I	had	begun
you	had	begun
he/she/it	had	begun
we	had	begun
you	had	begun
they	had	begun

Continuous

Present Continuous

I	am	beginning
you	are	beginning
he/she/it	is	beginning
we	are	beginning
you	are	beginning
they	are	beginning

Past Continuous

I	was	beginning
you	were	beginning
he/she/it	was	beginning
we	were	beginning
you	were	beginning
they	were	beginning

Present Perfect Continuous

I	have been	beginning
you	have been	beginning
he/she/it	has been	beginning
we	have been	beginning
you	have been	beginning
they	have been	beginning

Past Perfect Continuous

I	had been	beginning
you	had been	beginning
he/she/it	had been	beginning
we	had been	beginning
you	had been	beginning
they	had been	beginning

Future

Future I

I	will	begin
you	will	begin
he/she/it	will	begin
we	will	begin
you	will	begin
they	will	begin

Future I Continuous

I	will be	beginning
you	will be	beginning
he/she/it	will be	beginning
we	will be	beginning
you	will be	beginning
they	will be	beginning

Future II

I	will have	begun
you	will have	begun
he/she/it	will have	begun
we	will have	begun
you	will have	begun
they	will have	begun

Future II Continuous

I	will have been	beginning
you	will have been	beginning
he/she/it	will have been	beginning
we	will have been	beginning
you	will have been	beginning
they	will have been	beginning

Imperative

begin

Gerund

beginning

Past Participle

begun

Conditional

Conditional II

I	would	begin
you	would	begin
he/she/it	would	begin
we	would	begin
you	would	begin
they	would	begin

Conditional Past

I	would have	begun
you	would have	begun
he/she/it	would have	begun
we	would have	begun
you	would have	begun
they	would have	begun

begin *beginnen/anfangen*

Beispiele und Wendungen

Yesterday, I began a new book.
Gestern habe ich ein neues Buch angefangen.

Let's go, it's beginning to rain!
Lass uns gehen, es fängt an zu regnen!

to begin a conversation	*ein Gespräch beginnen*
to begin school	*in die Schule kommen*
He began his career as …	*Er begann seine Karriere als …*
to begin work	*mit der Arbeit beginnen*
to begin to do sth	*anfangen, etw. zu tun*
Now I begin to see.	*Jetzt geht mir ein Licht auf.*
To begin with, I want to …	*Zunächst einmal möchte ich …*
He began by saying …	*Zuerst sagte er …*

Besonderheiten

Ein Verb mit derselben Bedeutung wie begin ist das Verb **start**. Beide Verben werden meist synonym verwendet; es gibt jedoch auch Fälle, in denen man nur **start** und nicht begin benutzen kann:

The engine wouldn't start/~~begin~~ this morning.
Der Motor wollte heute morgen nicht anspringen.

Tipp

Ähnlich wie begin werden auch eine Reihe von weiteren Verben konjugiert. Achten Sie dabei besonders auf den Wechsel der Vokale (**i** – **a** – **u**):

begin	beg**a**n	beg**u**n	*(beginnen/anfangen)*
drink	dr**a**nk	dr**u**nk	*(trinken)*

Weitere Verben nach demselben Muster sind **ring**, **sing**, **sink**, **spring**, **stink** und **swim**.

Eigene Notizen:

book *buchen*

Simple

Present Simple

I	book
you	book
he/she/it	books
we	book
you	book
they	book

Past Simple

I	booked
you	booked
he/she/it	booked
we	booked
you	booked
they	booked

Present Perfect

I	have	booked
you	have	booked
he/she/it	has	booked
we	have	booked
you	have	booked
they	have	booked

Past Perfect

I	had	booked
you	had	booked
he/she/it	had	booked
we	had	booked
you	had	booked
they	had	booked

Continuous

Present Continuous

I	am	booking
you	are	booking
he/she/it	is	booking
we	are	booking
you	are	booking
they	are	booking

Past Continuous

I	was	booking
you	were	booking
he/she/it	was	booking
we	were	booking
you	were	booking
they	were	booking

Present Perfect Continuous

I	have been	booking
you	have been	booking
he/she/it	has been	booking
we	have been	booking
you	have been	booking
they	have been	booking

Past Perfect Continuous

I	had been	booking
you	had been	booking
he/she/it	had been	booking
we	had been	booking
you	had been	booking
they	had been	booking

Future

Future I

I	will	book
you	will	book
he/she/it	will	book
we	will	book
you	will	book
they	will	book

Future I Continuous

I	will be	booking
you	will be	booking
he/she/it	will be	booking
we	will be	booking
you	will be	booking
they	will be	booking

Future II

I	will have	booked
you	will have	booked
he/she/it	will have	booked
we	will have	booked
you	will have	booked
they	will have	booked

Future II Continuous

I	will have been	booking
you	will have been	booking
he/she/it	will have been	booking
we	will have been	booking
you	will have been	booking
they	will have been	booking

Imperative

book

Gerund

booking

Past Participle

booked

Conditional

Conditional II

I	would	book
you	would	book
he/she/it	would	book
we	would	book
you	would	book
they	would	book

Conditional Past

I	would have	booked
you	would have	booked
he/she/it	would have	booked
we	would have	booked
you	would have	booked
they	would have	booked

book *buchen*

Beispiele und Wendungen

Have you booked your flight already?
Hast Du deinen Flug schon gebucht?

to book a flight / hotel room	*einen Flug / ein Hotelzimmer buchen*
to book a holiday	*einen Urlaub buchen*
to book a seat	*einen Sitzplatz reservieren*
to book a table for two	*einen Tisch für zwei reservieren*
It's advisable to book early!	*Es empfiehlt sich, frühzeitig zu buchen!*
to book in advance	*im Voraus bestellen*
to be fully booked	*ausgebucht sein*

Weitere Verben

book into

to book into a hotel	*in ein Hotel einchecken*

Besonderheiten

Verwechseln Sie nicht das Verb book mit dem Substantiv **book** (*das Buch*):

We'll need to book.	*Wir werden buchen müssen.* (Verb)
I need this book.	*Ich brauche dieses Buch.* (Substantiv)

Tipp

Denken Sie immer daran, effektiv zu lernen, gerade, wenn Sie wenig Zeit haben. Seltenere Verben müssen Sie nur dann lernen, wenn Sie sie etwa beruflich brauchen. Ansonsten reicht es, wenn Sie solche Verben passiv beherrschen: Sie sollten sie in den jeweiligen Verbformen erkennen können – das genügt. Und wenn Sie die Formen doch einmal selbst bilden müssen, dann greifen Sie einfach zu Ihren Verbtabellen.

Eigene Notizen:

break – broke – broken *(zer)brechen*

Simple

Present Simple

I	break
you	break
he/she/it	breaks
we	break
you	break
they	break

Past Simple

I	broke
you	broke
he/she/it	broke
we	broke
you	broke
they	broke

Present Perfect

I	have	broken
you	have	broken
he/she/it	has	broken
we	have	broken
you	have	broken
they	have	broken

Past Perfect

I	had	broken
you	had	broken
he/she/it	had	broken
we	had	broken
you	had	broken
they	had	broken

Continuous

Present Continuous

I	am	breaking
you	are	breaking
he/she/it	is	breaking
we	are	breaking
you	are	breaking
they	are	breaking

Past Continuous

I	was	breaking
you	were	breaking
he/she/it	was	breaking
we	were	breaking
you	were	breaking
they	were	breaking

Present Perfect Continuous

I	have been	breaking
you	have been	breaking
he/she/it	has been	breaking
we	have been	breaking
you	have been	breaking
they	have been	breaking

Past Perfect Continuous

I	had been	breaking
you	had been	breaking
he/she/it	had been	breaking
we	had been	breaking
you	had been	breaking
they	had been	breaking

Future

Future I

I	will	break
you	will	break
he/she/it	will	break
we	will	break
you	will	break
they	will	break

Future I Continuous

I	will be	breaking
you	will be	breaking
he/she/it	will be	breaking
we	will be	breaking
you	will be	breaking
they	will be	breaking

Future II

I	will have	broken
you	will have	broken
he/she/it	will have	broken
we	will have	broken
you	will have	broken
they	will have	broken

Future II Continuous

I	will have been	breaking
you	will have been	breaking
he/she/it	will have been	breaking
we	will have been	breaking
you	will have been	breaking
they	will have been	breaking

Imperative
break

Gerund
breaking

Past Participle
broken

Conditional

Conditional II

I	would	break
you	would	break
he/she/it	would	break
we	would	break
you	would	break
they	would	break

Conditional Past

I	would have	broken
you	would have	broken
he/she/it	would have	broken
we	would have	broken
you	would have	broken
they	would have	broken

break *(zer)brechen*

Beispiele und Wendungen

He fell down the stairs and broke his leg.
Er fiel die Treppe hinab und brach sich das Bein.

Be careful with these glasses, they break very easily!
Sei vorsichtig mit diesen Gläsern, sie zerbrechen sehr leicht!

to break a glass / bottle	*ein Glas / eine Flasche zerbrechen*
to break one's arm / leg	*sich den Arm / das Bein brechen*
to break sth into pieces	*etw. in Stücke zerbrechen*
You break my heart!	*Du brichst mir das Herz!*
to break a promise / the law	*ein Versprechen / das Gesetz brechen*
to break free / loose	*sich befreien / losreißen*
to break all records	*sämtliche Rekorde brechen*

Weitere Verben

break down – break up

She broke down in tears.	*Sie brach unter Tränen zusammen.*
They broke up last week.	*Sie haben sich letzte Woche getrennt.*

Tipp

Genauso wie break werden die Verben **choose** (chose – chosen / *wählen*), **freeze** (froze – frozen / *(ge)frieren*), **speak** (spoke – spoken / *sprechen*), **steal** (stole – stolen / *stehlen*) und **wake** (woke – woken / *(auf)wachen*) konjugiert.

Haben Sie einmal mit einer Konjugation Schwierigkeiten, dann schreiben Sie das Verb doch einfach mehrere Male ab. So können Sie sich die Formen leichter einprägen. Markieren Sie dann die Endungen und Besonderheiten einzelner Verbformen farbig.

Eigene Notizen:

bring – brought – brought *(mit)bringen*

Simple

Present Simple

I	bring
you	bring
he/she/it	brings
we	bring
you	bring
they	bring

Past Simple

I	brought
you	brought
he/she/it	brought
we	brought
you	brought
they	brought

Present Perfect

I	have	brought
you	have	brought
he/she/it	has	brought
we	have	brought
you	have	brought
they	have	brought

Past Perfect

I	had	brought
you	had	brought
he/she/it	had	brought
we	had	brought
you	had	brought
they	had	brought

Continuous

Present Continuous

I	am	bringing
you	are	bringing
he/she/it	is	bringing
we	are	bringing
you	are	bringing
they	are	bringing

Past Continuous

I	was	bringing
you	were	bringing
he/she/it	was	bringing
we	were	bringing
you	were	bringing
they	were	bringing

Present Perfect Continuous

I	have been	bringing
you	have been	bringing
he/she/it	has been	bringing
we	have been	bringing
you	have been	bringing
they	have been	bringing

Past Perfect Continuous

I	had been	bringing
you	had been	bringing
he/she/it	had been	bringing
we	had been	bringing
you	had been	bringing
they	had been	bringing

Future

Future I

I	will	bring
you	will	bring
he/she/it	will	bring
we	will	bring
you	will	bring
they	will	bring

Future I Continuous

I	will be	bringing
you	will be	bringing
he/she/it	will be	bringing
we	will be	bringing
you	will be	bringing
they	will be	bringing

Future II

I	will have	brought
you	will have	brought
he/she/it	will have	brought
we	will have	brought
you	will have	brought
they	will have	brought

Future II Continuous

I	will have been	bringing
you	will have been	bringing
he/she/it	will have been	bringing
we	will have been	bringing
you	will have been	bringing
they	will have been	bringing

Imperative

bring

Gerund

bringing

Past Participle

brought

Conditional

Conditional II

I	would	bring
you	would	bring
he/she/it	would	bring
we	would	bring
you	would	bring
they	would	bring

Conditional Past

I	would have	brought
you	would have	brought
he/she/it	would have	brought
we	would have	brought
you	would have	brought
they	would have	brought

bring *(mit)bringen*

Beispiele und Wendungen

He brought her a wonderful present.
Er hat ihr ein wunderschönes Geschenk mitgebracht.

Could you bring me that chair over there, please?
Könntest Du mir bitte den Stuhl dort drüben bringen?

Please, bring me …	*Bringst du mir bitte …*
What brings you here?	*Was führt dich hierher?*
to bring sth to sb's attention	*jmdn. auf etw. aufmerksam machen*
You brought me luck!	*Du hast mir Glück gebracht!*
to bring sth to a close / conclusion	*etw. zum Abschluss bringen*
to bring sth to mind	*etw. in Erinnerung rufen*

Weitere Verben

bring about – bring up

to bring about a change	*einen Wandel herbeiführen*
to bring up a subject	*ein Thema zur Sprache bringen*

Besonderheiten

Auch das Verb **take** wird oft mit *bringen* übersetzt. Im Gegensatz zu bring bedeutet **take** jedoch in diesem Zusammenhang *hinbringen*:

I can take you to school.	*Ich kann dich zur Schule bringen.*

Tipp

Genauso wie bring werden die Verben **buy** (bought – bought / *kaufen*), **fight** (fought – fought / *kämpfen*), **seek** (sought – sought / *suchen, streben*) und **think** (thought – thought / *denken*) konjugiert.

Eigene Notizen:

buy – bought – bought *kaufen*

Simple

Present Simple

I	buy
you	buy
he/she/it	buys
we	buy
you	buy
they	buy

Past Simple

I	bought
you	bought
he/she/it	bought
we	bought
you	bought
they	bought

Present Perfect

I	have	bought
you	have	bought
he/she/it	has	bought
we	have	bought
you	have	bought
they	have	bought

Past Perfect

I	had	bought
you	had	bought
he/she/it	had	bought
we	had	bought
you	had	bought
they	had	bought

Continuous

Present Continuous

I	am	buying
you	are	buying
he/she/it	is	buying
we	are	buying
you	are	buying
they	are	buying

Past Continuous

I	was	buying
you	were	buying
he/she/it	was	buying
we	were	buying
you	were	buying
they	were	buying

Present Perfect Continuous

I	have been	buying
you	have been	buying
he/she/it	has been	buying
we	have been	buying
you	have been	buying
they	have been	buying

Past Perfect Continuous

I	had been	buying
you	had been	buying
he/she/it	had been	buying
we	had been	buying
you	had been	buying
they	had been	buying

Future

Future I

I	will	buy
you	will	buy
he/she/it	will	buy
we	will	buy
you	will	buy
they	will	buy

Future I Continuous

I	will be	buying
you	will be	buying
he/she/it	will be	buying
we	will be	buying
you	will be	buying
they	will be	buying

Future II

I	will have	bought
you	will have	bought
he/she/it	will have	bought
we	will have	bought
you	will have	bought
they	will have	bought

Future II Continuous

I	will have been	buying
you	will have been	buying
he/she/it	will have been	buying
we	will have been	buying
you	will have been	buying
they	will have been	buying

Imperative

buy

Gerund

buying

Past Participle

bought

Conditional

Conditional II

I	would	buy
you	would	buy
he/she/it	would	buy
we	would	buy
you	would	buy
they	would	buy

Conditional Past

I	would have	bought
you	would have	bought
he/she/it	would have	bought
we	would have	bought
you	would have	bought
they	would have	bought

buy *kaufen*

Beispiele und Wendungen

He bought a new DVD.
Er kaufte eine neue DVD.

There are some things that money can't buy.
Es gibt Dinge, die man nicht kaufen kann.

to buy sb a present	*jmdm. ein Geschenk kaufen*
to buy sth for £100	*etw. für 100 Pfund kaufen*
to buy sth very cheaply	*etw. sehr billig einkaufen*
Did you buy anything in the sales?	*Hast du etwas im Ausverkauf gekauft?*
to buy sth from sb	*jmdm. etw. abkaufen*
to buy time	*Zeit gewinnen*

Weitere Verben

buy up

She bought up a lot of tickets.	*Sie hat viele Tickets aufgekauft.*

Besonderheiten

Um etwas zu bekommen, für das man bezahlen muss, kann man im Englischen die Verben buy, **get** oder **purchase** benutzen. In der gesprochenen Sprache verwendet man in diesem Zusammenhang häufig **get**, während man buy öfters in der Schriftsprache liest. Das Verb **purchase** ist etwas gehobener und wird meist in der Geschäftswelt verwendet.

Tipp

Genauso wie buy werden die Verben **bring** (brought – brought / *(mit)bringen*), **fight** (fought – fought / *kämpfen*), **seek** (sought – sought / *suchen, streben*) und **think** (thought – thought / *denken*) konjugiert.

Eigene Notizen:

call *(an)rufen*

Simple

Present Simple

I	call
you	call
he/she/it	calls
we	call
you	call
they	call

Past Simple

I	called
you	called
he/she/it	called
we	called
you	called
they	called

Present Perfect

I	have	called
you	have	called
he/she/it	has	called
we	have	called
you	have	called
they	have	called

Past Perfect

I	had	called
you	had	called
he/she/it	had	called
we	had	called
you	had	called
they	had	called

Continuous

Present Continuous

I	am	calling
you	are	calling
he/she/it	is	calling
we	are	calling
you	are	calling
they	are	calling

Past Continuous

I	was	calling
you	were	calling
he/she/it	was	calling
we	were	calling
you	were	calling
they	were	calling

Present Perfect Continuous

I	have been	calling
you	have been	calling
he/she/it	has been	calling
we	have been	calling
you	have been	calling
they	have been	calling

Past Perfect Continuous

I	had been	calling
you	had been	calling
he/she/it	had been	calling
we	had been	calling
you	had been	calling
they	had been	calling

Future

Future I

I	will	call
you	will	call
he/she/it	will	call
we	will	call
you	will	call
they	will	call

Future I Continuous

I	will be	calling
you	will be	calling
he/she/it	will be	calling
we	will be	calling
you	will be	calling
they	will be	calling

Future II

I	will have	called
you	will have	called
he/she/it	will have	called
we	will have	called
you	will have	called
they	will have	called

Future II Continuous

I	will have been	calling
you	will have been	calling
he/she/it	will have been	calling
we	will have been	calling
you	will have been	calling
they	will have been	calling

Imperative
call

Gerund
calling

Past Participle
called

Conditional

Conditional II

I	would	call
you	would	call
he/she/it	would	call
we	would	call
you	would	call
they	would	call

Conditional Past

I	would have	called
you	would have	called
he/she/it	would have	called
we	would have	called
you	would have	called
they	would have	called

call *(an)rufen*

Beispiele und Wendungen

"Come here!," she called.
„Komm her!", rief sie.

He'll call you as soon as possible.
Er wird dich so bald wie möglich anrufen.

I'll call you!	*Ich rufe dich an!*
Our son is called Peter.	*Unser Sohn heißt Peter.*
to call sb a liar	*jmdn. einen Lügner nennen*
to call sb names	*jmdn. beschimpfen*
to call a doctor	*einen Arzt rufen*
Let's call it a day!	*Schluss für heute!*
to call sth into question	*etw. in Frage stellen*
to call a meeting	*eine Versammlung einberufen*

Weitere Verben

call at – call back – call for – call off – call up

The train to London is calling at ...	*Der Zug nach London fährt über ...*
I'll call you back later!	*Ich rufe dich später zurück!*
to call for help	*um Hilfe rufen*
Call off the search!	*Brechen Sie die Suche ab!*
This picture calls up memories.	*Dieses Bild ruft Erinnerungen wach.*

Besonderheiten

Im britischen Englisch kann das Verb call auch *vorbeikommen* bedeuten, wenn es nicht von einem Objekt (also einer Ergänzung) gefolgt wird:

Paul called to say hello this morning.	*Paul kam heute morgen vorbei.*

Eigene Notizen:

Ungegelmäßig
Modalverb

can / be able to *können*

Unvollständiges Modalverb – *Can* bzw. *could* werden nur im *Present Simple* und *Past Simple* verwendet. *Can / could / be able to* haben keine Verlaufsform.

Simple

Present Simple

I	can / am able to
you	can / are able to
he/she/it	can / is able to
we	can / are able to
you	can / are able to
they	can / are able to

Past Simple

I	could / was able to
you	could / were able to
he/she/it	could / was able to
we	could / were able to
you	could / were able to
they	could / were able to

Present Perfect

I	have been able to
you	have been able to
he/she/it	has been able to
we	have been able to
you	have been able to
they	have been able to

Past Perfect

I	had been able to
you	had been able to
he/she/it	had been able to
we	had been able to
you	had been able to
they	had been able to

Continuous

Present Continuous

—

Past Continuous

—

Present Perfect Continuous

—

Past Perfect Continuous

—

Future

Future I

I	will be able to
you	will be able to
he/she/it	will be able to
we	will be able to
you	will be able to
they	will be able to

Future I Continuous

—

Future II

I	will have been able to
you	will have been able to
he/she/it	will have been able to
we	will have been able to
you	will have been able to
they	will have been able to

Future II Continuous

—

Imperative

be able to

Gerund

being able to

Past Participle

been able to

Conditional

Conditional II

I	would be able to
you	would be able to
he/she/it	would be able to
we	would be able to
you	would be able to
they	would be able to

Conditional Past

I	would have been able to
you	would have been able to
he/she/it	would have been able to
we	would have been able to
you	would have been able to
they	would have been able to

can / be able to *können*

Beispiele und Wendungen

Can you hear me?
Kannst du mich hören?

You can't park your car here!
Sie dürfen Ihr Auto hier nicht abstellen!

She can speak English.	*Sie kann Englisch sprechen.*
Can I ask you for money?	*Darf ich dich um Geld bitten?*
Can you help me?	*Können Sie mir helfen?*
How could you!	*Wie konntest du nur!*
Could you please …	*Könntest du bitte …*
What can I do for you?	*Was kann ich für Sie tun?*
You can always try!	*Du kannst es ja mal versuchen!*
You can't be serious!	*Das ist nicht dein Ernst!*
It can get very cold here.	*Hier kann es sehr kalt werden.*

Besonderheiten

Da can und could nur im **Present Simple** und **Past Simple** verwendet werden, benutzt man für alle übrigen Zeitformen die Formel be able to:

I will be able to write to you soon! *Ich werde dir bald schreiben können!*

Weitere Modalverben sind z. B. **must**, **may**, **shall** oder **will**. Mehr zu diesen Verben finden Sie auf Seite 10!

Tipp

Modalverben werden in unterschiedlichen Kontexten benutzt. So drückt can beispielsweise *Fähigkeiten*, *Möglichkeiten* oder *Wahrscheinlichkeiten* aus. Wenn Sie Sätze mit can hören oder lesen, notieren Sie sie hier – so entwickeln Sie ein Gefühl für die verschiedenen Bedeutungen dieses Verbs.

Eigene Notizen:

cancel *absagen / stornieren*

Im AE wird das **-l** nicht verdoppelt.

Simple

Present Simple

I	cancel
you	cancel
he/she/it	cancels
we	cancel
you	cancel
they	cancel

Past Simple

I	cancelled
you	cancelled
he/she/it	cancelled
we	cancelled
you	cancelled
they	cancelled

Present Perfect

I	have	cancelled
you	have	cancelled
he/she/it	has	cancelled
we	have	cancelled
you	have	cancelled
they	have	cancelled

Past Perfect

I	had	cancelled
you	had	cancelled
he/she/it	had	cancelled
we	had	cancelled
you	had	cancelled
they	had	cancelled

Continuous

Present Continuous

I	am	cancelling
you	are	cancelling
he/she/it	is	cancelling
we	are	cancelling
you	are	cancelling
they	are	cancelling

Past Continuous

I	was	cancelling
you	were	cancelling
he/she/it	was	cancelling
we	were	cancelling
you	were	cancelling
they	were	cancelling

Present Perfect Continuous

I	have been	cancelling
you	have been	cancelling
he/she/it	has been	cancelling
we	have been	cancelling
you	have been	cancelling
they	have been	cancelling

Past Perfect Continuous

I	had been	cancelling
you	had been	cancelling
he/she/it	had been	cancelling
we	had been	cancelling
you	had been	cancelling
they	had been	cancelling

Future

Future I

I	will	cancel
you	will	cancel
he/she/it	will	cancel
we	will	cancel
you	will	cancel
they	will	cancel

Future I Continuous

I	will be	cancelling
you	will be	cancelling
he/she/it	will be	cancelling
we	will be	cancelling
you	will be	cancelling
they	will be	cancelling

Future II

I	will have	cancelled
you	will have	cancelled
he/she/it	will have	cancelled
we	will have	cancelled
you	will have	cancelled
they	will have	cancelled

Future II Continuous

I	will have been	cancelling
you	will have been	cancelling
he/she/it	will have been	cancelling
we	will have been	cancelling
you	will have been	cancelling
they	will have been	cancelling

Imperative

cancel

Gerund

cancelling

Past Participle

cancelled

Conditional

Conditional II

I	would	cancel
you	would	cancel
he/she/it	would	cancel
we	would	cancel
you	would	cancel
they	would	cancel

Conditional Past

I	would have	cancelled
you	would have	cancelled
he/she/it	would have	cancelled
we	would have	cancelled
you	would have	cancelled
they	would have	cancelled

cancel *absagen / stornieren*

Beispiele und Wendungen

I want to cancel my flight to New York.
Ich möchte meinen Flug nach New York stornieren.

The concert has to be cancelled.
Das Konzert muss abgesagt werden.

to cancel a booking / reservation	*eine Buchung / Reservierung stornieren*
to cancel a plan	*einen Plan aufgeben / fallen lassen*
The train to ... has been cancelled!	*Der Zug nach ... fällt aus!*
to cancel a meeting	*ein Treffen absagen*
to cancel an order	*eine Bestellung stornieren*
to cancel a subscription	*ein Abonnement kündigen*
The numbers cancel each other.	*Die Zahlen heben sich gegenseitig auf.*
Cancel that, please!	*Streichen Sie das bitte!*

Weitere Verben

cancel out

This cheque will cancel out my debts.	*Mit diesem Scheck werde ich meine Schulden ausgleichen können.*

Besonderheiten

Bei vielen Verben, die – wie cancel – auf ein **-l** enden, wird dieses in der **Past Simple**-Form, im **Past Participle** und in der **-ing** Form verdoppelt, so z. B. auch bei **travel**.
Im amerikanischen Englisch findet diese Konsonantenverdopplung allerdings nicht statt.
Mehr dazu lesen Sie auf den Seiten 15 und 17.

I'm just cance**l**ling (BE) / canceling (AE) my order.
Ich storniere gerade meine Bestellung.

Eigene Notizen:

carry *tragen*

-y* → *-ie vor ***-s*** / ***-y* → *-i*** vor ***-ed***

Simple

Present Simple

I	carry
you	carry
he/she/it	carries
we	carry
you	carry
they	carry

Past Simple

I	carried
you	carried
he/she/it	carried
we	carried
you	carried
they	carried

Present Perfect

I	have	carried
you	have	carried
he/she/it	has	carried
we	have	carried
you	have	carried
they	have	carried

Past Perfect

I	had	carried
you	had	carried
he/she/it	had	carried
we	had	carried
you	had	carried
they	had	carried

Continuous

Present Continuous

I	am	carrying
you	are	carrying
he/she/it	is	carrying
we	are	carrying
you	are	carrying
they	are	carrying

Past Continuous

I	was	carrying
you	were	carrying
he/she/it	was	carrying
we	were	carrying
you	were	carrying
they	were	carrying

Present Perfect Continuous

I	have been	carrying
you	have been	carrying
he/she/it	has been	carrying
we	have been	carrying
you	have been	carrying
they	have been	carrying

Past Perfect Continuous

I	had been	carrying
you	had been	carrying
he/she/it	had been	carrying
we	had been	carrying
you	had been	carrying
they	had been	carrying

Future

Future I

I	will	carry
you	will	carry
he/she/it	will	carry
we	will	carry
you	will	carry
they	will	carry

Future I Continuous

I	will be	carrying
you	will be	carrying
he/she/it	will be	carrying
we	will be	carrying
you	will be	carrying
they	will be	carrying

Future II

I	will have	carried
you	will have	carried
he/she/it	will have	carried
we	will have	carried
you	will have	carried
they	will have	carried

Future II Continuous

I	will have been	carrying
you	will have been	carrying
he/she/it	will have been	carrying
we	will have been	carrying
you	will have been	carrying
they	will have been	carrying

Imperative

carry

Gerund

carrying

Past Participle

carried

Conditional

Conditional II

I	would	carry
you	would	carry
he/she/it	would	carry
we	would	carry
you	would	carry
they	would	carry

Conditional Past

I	would have	carried
you	would have	carried
he/she/it	would have	carried
we	would have	carried
you	would have	carried
they	would have	carried

carry *tragen*

Beispiele und Wendungen

Can anybody help me carry my luggage?
Kann mir jemand helfen mein Gepäck zu tragen?

The bus was carrying us to the airport.
Der Bus brachte uns zum Flughafen.

to carry sth around	*etw. mit sich herumtragen*
Let me carry that for you.	*Lass mich das für dich tragen.*
The coach carries 20 people.	*Der Bus kann 20 Personen befördern.*
Malaria is carried by insects.	*Malaria wird von Insekten übertragen.*
to carry a heavy burden	*eine schwere Last mit sich herumtragen*
My legs won't carry me!	*Ich kann mich kaum auf den Beinen halten!*
to carry a weapon	*eine Waffe bei sich tragen*
to carry the memory of sth	*etw. in Erinnerung behalten*
You're carrying it too far!	*Jetzt gehst du aber zu weit!*

Weitere Verben

carry on – carry out

Please, carry on.	*Fahren Sie bitte fort.*
They carried out an experiment.	*Sie führten ein Experiment durch.*

Tipp

Lernen Sie die Verben in diesem Buch selbstständig, machen Sie sich also bewusst, was für Sie wichtig ist – und was nicht. Sie müssen nicht immer alles beherrschen, was in den Büchern steht. So können Sie zunächst einmal nur diejenigen Wendungen lernen, die Sie für sich am nützlichsten halten.

Eigene Notizen:

catch – caught – caught *fangen*

+ ***-es*** in 3. Person Singular

Simple

Present Simple

I	catch
you	catch
he/she/it	catches
we	catch
you	catch
they	catch

Past Simple

I	caught
you	caught
he/she/it	caught
we	caught
you	caught
they	caught

Present Perfect

I	have	caught
you	have	caught
he/she/it	has	caught
we	have	caught
you	have	caught
they	have	caught

Past Perfect

I	had	caught
you	had	caught
he/she/it	had	caught
we	had	caught
you	had	caught
they	had	caught

Continuous

Present Continuous

I	am	catching
you	are	catching
he/she/it	is	catching
we	are	catching
you	are	catching
they	are	catching

Past Continuous

I	was	catching
you	were	catching
he/she/it	was	catching
we	were	catching
you	were	catching
they	were	catching

Present Perfect Continuous

I	have been	catching
you	have been	catching
he/she/it	has been	catching
we	have been	catching
you	have been	catching
they	have been	catching

Past Perfect Continuous

I	had been	catching
you	had been	catching
he/she/it	had been	catching
we	had been	catching
you	had been	catching
they	had been	catching

Future

Future I

I	will	catch
you	will	catch
he/she/it	will	catch
we	will	catch
you	will	catch
they	will	catch

Future I Continuous

I	will be	catching
you	will be	catching
he/she/it	will be	catching
we	will be	catching
you	will be	catching
they	will be	catching

Future II

I	will have	caught
you	will have	caught
he/she/it	will have	caught
we	will have	caught
you	will have	caught
they	will have	caught

Future II Continuous

I	will have been	catching
you	will have been	catching
he/she/it	will have been	catching
we	will have been	catching
you	will have been	catching
they	will have been	catching

Imperative
catch

Gerund
catching

Past Participle
caught

Conditional

Conditional II

I	would	catch
you	would	catch
he/she/it	would	catch
we	would	catch
you	would	catch
they	would	catch

Conditional Past

I	would have	caught
you	would have	caught
he/she/it	would have	caught
we	would have	caught
you	would have	caught
they	would have	caught

catch *fangen*

Beispiele und Wendungen

Catch me if you can!
Fang mich, wenn du kannst!

He has caught the flu from his sister Mary.
Er hat sich bei seiner Schwester Mary mit der Grippe angesteckt.

to catch a ball	*einen Ball fangen*
to catch the train / bus	*den Zug / Bus nehmen*
She was caught by the police.	*Sie wurde von der Polizei erwischt.*
to catch sb by the hand	*jmdn. bei der Hand fassen*
to catch sb red-handed	*jmdn. auf frischer Tat ertappen*
I'll catch you later!	*Bis später!*
to catch fire	*Feuer fangen*

Weitere Verben

catch up

He's catching up!	*Er holt auf!*
to catch up on news	*sich auf den neuesten Stand bringen*

Besonderheiten

Beachten Sie die Aussprache der Vergangenheitsform caught – [kɔːt]!

Tipp

Genauso wie catch wird das Verb **teach** *(lehren)* konjugiert:

catch	caught	caught	*(fangen)*
teach	taught	taught	*(lehren)*

Wiederholen Sie die bereits gelernten Verben öfters. So merken Sie, was Sie bereits behalten haben oder was Sie sich noch einmal ansehen könnten.

Eigene Notizen:

change *ändern / wechseln*

+ *-ing* → *e̸* / + *-d* nicht *-ed*

Simple

Present Simple

I	change
you	change
he/she/it	changes
we	change
you	change
they	change

Past Simple

I	changed
you	changed
he/she/it	changed
we	changed
you	changed
they	changed

Present Perfect

I	have	changed
you	have	changed
he/she/it	has	changed
we	have	changed
you	have	changed
they	have	changed

Past Perfect

I	had	changed
you	had	changed
he/she/it	had	changed
we	had	changed
you	had	changed
they	had	changed

Continuous

Present Continuous

I	am	changing
you	are	changing
he/she/it	is	changing
we	are	changing
you	are	changing
they	are	changing

Past Continuous

I	was	changing
you	were	changing
he/she/it	was	changing
we	were	changing
you	were	changing
they	were	changing

Present Perfect Continuous

I	have been	changing
you	have been	changing
he/she/it	has been	changing
we	have been	changing
you	have been	changing
they	have been	changing

Past Perfect Continuous

I	had been	changing
you	had been	changing
he/she/it	had been	changing
we	had been	changing
you	had been	changing
they	had been	changing

Future

Future I

I	will	change
you	will	change
he/she/it	will	change
we	will	change
you	will	change
they	will	change

Future I Continuous

I	will be	changing
you	will be	changing
he/she/it	will be	changing
we	will be	changing
you	will be	changing
they	will be	changing

Future II

I	will have	changed
you	will have	changed
he/she/it	will have	changed
we	will have	changed
you	will have	changed
they	will have	changed

Future II Continuous

I	will have been	changing
you	will have been	changing
he/she/it	will have been	changing
we	will have been	changing
you	will have been	changing
they	will have been	changing

Imperative

change

Gerund

changing

Past Participle

changed

Conditional

Conditional II

I	would	change
you	would	change
he/she/it	would	change
we	would	change
you	would	change
they	would	change

Conditional Past

I	would have	changed
you	would have	changed
he/she/it	would have	changed
we	would have	changed
you	would have	changed
they	would have	changed

change *ändern / wechseln*

Beispiele und Wendungen

He has changed a lot.
Er hat sich sehr verändert.

We can change the subject if you want.
Wenn du möchtest, können wir das Thema wechseln.

to change one's name / address	*seinen Namen / seine Adresse ändern*
to change money	*Geld wechseln*
I changed my mind.	*Ich habe meine Meinung geändert.*
to change jobs	*den Job wechseln*
to change a battery / bulb	*eine Batterie / Glühbirne auswechseln*
First, I have to get changed.	*Ich muss mich zuerst umziehen.*
to change trains / buses	*umsteigen*
Nothing ever changes!	*Alles bleibt beim Alten!*
to change for the better / worse	*sich verbessern / verschlechtern*

Weitere Verben

change into – change up / down

He changed into a prince.	*Er verwandelte sich in einen Prinzen.*
You have to change up / down!	*Du musst hoch- / runterschalten!*

Besonderheiten

Verwechseln Sie nicht das Verb to change mit dem Substantiv **change**:

Could you change that money for me?	*(wechseln)*
Could you lend me some change?	*(Kleingeld)*
"And here's your change," the waiter said.	*(Rück- / Wechselgeld)*
It's time for a change!	*(Wandel)*

Eigene Notizen:

choose – chose – chosen *(aus)wählen*

+ *-ing* → ~~e~~

Simple

Present Simple

I	choose
you	choose
he/she/it	chooses
we	choose
you	choose
they	choose

Past Simple

I	chose
you	chose
he/she/it	chose
we	chose
you	chose
they	chose

Present Perfect

I	have	chosen
you	have	chosen
he/she/it	has	chosen
we	have	chosen
you	have	chosen
they	have	chosen

Past Perfect

I	had	chosen
you	had	chosen
he/she/it	had	chosen
we	had	chosen
you	had	chosen
they	had	chosen

Continuous

Present Continuous

I	am	choosing
you	are	choosing
he/she/it	is	choosing
we	are	choosing
you	are	choosing
they	are	choosing

Past Continuous

I	was	choosing
you	were	choosing
he/she/it	was	choosing
we	were	choosing
you	were	choosing
they	were	choosing

Present Perfect Continuous

I	have been	choosing
you	have been	choosing
he/she/it	has been	choosing
we	have been	choosing
you	have been	choosing
they	have been	choosing

Past Perfect Continuous

I	had been	choosing
you	had been	choosing
he/she/it	had been	choosing
we	had been	choosing
you	had been	choosing
they	had been	choosing

Future

Future I

I	will	choose
you	will	choose
he/she/it	will	choose
we	will	choose
you	will	choose
they	will	choose

Future I Continuous

I	will be	choosing
you	will be	choosing
he/she/it	will be	choosing
we	will be	choosing
you	will be	choosing
they	will be	choosing

Future II

I	will have	chosen
you	will have	chosen
he/she/it	will have	chosen
we	will have	chosen
you	will have	chosen
they	will have	chosen

Future II Continuous

I	will have been	choosing
you	will have been	choosing
he/she/it	will have been	choosing
we	will have been	choosing
you	will have been	choosing
they	will have been	choosing

Imperative
choose

Gerund
choosing

Past Participle
chosen

Conditional

Conditional II

I	would	choose
you	would	choose
he/she/it	would	choose
we	would	choose
you	would	choose
they	would	choose

Conditional Past

I	would have	chosen
you	would have	chosen
he/she/it	would have	chosen
we	would have	chosen
you	would have	chosen
they	would have	chosen

choose *(aus)wählen*

Beispiele und Wendungen

He chooses his team for the tournament.
Er wählt seine Mannschaft für das Turnier aus.

to choose sb as leader	*jmdn. zum Anführer wählen*
You can choose from these prizes.	*Sie können sich etwas unter diesen Preisen aussuchen.*
There is not much to choose from.	*Die Auswahl ist nicht sehr groß.*
to choose between ...	*zwischen ... wählen*
He chose to learn English rather than French.	*Er zog es vor, Englisch anstatt Französisch zu lernen.*
Do as you choose!	*Mach' es wie Du willst!*
You chose to ignore my advice!	*Du wolltest ja nicht auf mich hören!*

Besonderheiten

Bei offiziellen Wahlen benutzt man anstelle von choose häufig das Verb **elect**:

George W. Bush was elected President of the United States.
George W. Bush wurde zum Präsident der Vereinigten Staaten gewählt.

Tipp

Genauso wie choose werden die Verben **break** (broke – broken / *(zer)brechen*), **freeze** (froze – frozen / *(ge)frieren*), **speak** (spoke – spoken / *sprechen*), **steal** (stole – stolen / *stehlen*) und **wake** (woke – woken / *(auf)wachen*) konjugiert.

Verben, die zu einem bestimmten Thema gehören, kann man gut zusammen lernen. Notieren Sie sich beispielsweise die Verben choose und **elect** auf einer Karteikarte zum Thema *wählen*. Wenn Ihnen im Laufe der Zeit weitere Verben dazu begegnen, können Sie diese auf Ihrer Karteikarte ergänzen!

Eigene Notizen:

close *schließen*

+ *-ing* → ~~e~~ / + *-d* nicht *-ed*

Simple

Present Simple

I	close
you	close
he/she/it	closes
we	close
you	close
they	close

Past Simple

I	closed
you	closed
he/she/it	closed
we	closed
you	closed
they	closed

Present Perfect

I	have	closed
you	have	closed
he/she/it	has	closed
we	have	closed
you	have	closed
they	have	closed

Past Perfect

I	had	closed
you	had	closed
he/she/it	had	closed
we	had	closed
you	had	closed
they	had	closed

Continuous

Present Continuous

I	am	closing
you	are	closing
he/she/it	is	closing
we	are	closing
you	are	closing
they	are	closing

Past Continuous

I	was	closing
you	were	closing
he/she/it	was	closing
we	were	closing
you	were	closing
they	were	closing

Present Perfect Continuous

I	have been	closing
you	have been	closing
he/she/it	has been	closing
we	have been	closing
you	have been	closing
they	have been	closing

Past Perfect Continuous

I	had been	closing
you	had been	closing
he/she/it	had been	closing
we	had been	closing
you	had been	closing
they	had been	closing

Future

Future I

I	will	close
you	will	close
he/she/it	will	close
we	will	close
you	will	close
they	will	close

Future I Continuous

I	will be	closing
you	will be	closing
he/she/it	will be	closing
we	will be	closing
you	will be	closing
they	will be	closing

Future II

I	will have	closed
you	will have	closed
he/she/it	will have	closed
we	will have	closed
you	will have	closed
they	will have	closed

Future II Continuous

I	will have been	closing
you	will have been	closing
he/she/it	will have been	closing
we	will have been	closing
you	will have been	closing
they	will have been	closing

Imperative

close

Gerund

closing

Past Participle

closed

Conditional

Conditional II

I	would	close
you	would	close
he/she/it	would	close
we	would	close
you	would	close
they	would	close

Conditional Past

I	would have	closed
you	would have	closed
he/she/it	would have	closed
we	would have	closed
you	would have	closed
they	would have	closed

close *schließen*

Beispiele und Wendungen

He closed his eyes in order to get some sleep.
Er schloss die Augen, um etwas Schlaf zu bekommen.

to close a door / window	*eine Tür / ein Fenster schließen*
to close a book	*ein Buch zumachen*
to close a factory / shop	*eine Fabrik / einen Laden schließen*
to close the curtains	*die Vorhänge zuziehen*
Sorry, we're closed!	*Wir haben leider geschlossen!*
The matter is closed.	*Der Fall ist abgeschlossen.*
to close a discussion	*eine Diskussion beenden*
He closed his speech by saying that ...	*Er beendete seine Rede damit, dass ...*
The novel closes with a murder.	*Der Roman endet mit einem Mord.*

Weitere Verben

close down – close off – close up

to close down a factory	*eine Fabrik stilllegen*
to close off a road	*eine Straße sperren*
They closed up their shop.	*Sie haben ihr Geschäft geschlossen.*

Besonderheiten

Achtung! Verwechseln Sie nicht das Verb close mit dem Adjektiv **close** *(nahe)*.

Die Verben close und **shut** haben oft dieselbe Bedeutung, wobei close etwas höflicher klingt und eher für *langsames Schließen* verwendet wird:

Would you close the door, please?	*Würdest du bitte die Türe schließen?*
He shut the window with a bang.	*Er schloss das Fenster mit einem Knall.*

Eigene Notizen:

come – came – come *kommen*

+ *-ing* → ~~e~~

Simple

Present Simple

I	come
you	come
he/she/it	comes
we	come
you	come
they	come

Past Simple

I	came
you	came
he/she/it	came
we	came
you	came
they	came

Present Perfect

I	have	come
you	have	come
he/she/it	has	come
we	have	come
you	have	come
they	have	come

Past Perfect

I	had	come
you	had	come
he/she/it	had	come
we	had	come
you	had	come
they	had	come

Continuous

Present Continuous

I	am	coming
you	are	coming
he/she/it	is	coming
we	are	coming
you	are	coming
they	are	coming

Past Continuous

I	was	coming
you	were	coming
he/she/it	was	coming
we	were	coming
you	were	coming
they	were	coming

Present Perfect Continuous

I	have been	coming
you	have been	coming
he/she/it	has been	coming
we	have been	coming
you	have been	coming
they	have been	coming

Past Perfect Continuous

I	had been	coming
you	had been	coming
he/she/it	had been	coming
we	had been	coming
you	had been	coming
they	had been	coming

Future

Future I

I	will	come
you	will	come
he/she/it	will	come
we	will	come
you	will	come
they	will	come

Future I Continuous

I	will be	coming
you	will be	coming
he/she/it	will be	coming
we	will be	coming
you	will be	coming
they	will be	coming

Future II

I	will have	come
you	will have	come
he/she/it	will have	come
we	will have	come
you	will have	come
they	will have	come

Future II Continuous

I	will have been	coming
you	will have been	coming
he/she/it	will have been	coming
we	will have been	coming
you	will have been	coming
they	will have been	coming

Imperative
come

Gerund
coming

Past Participle
come

Conditional

Conditional II

I	would	come
you	would	come
he/she/it	would	come
we	would	come
you	would	come
they	would	come

Conditional Past

I	would have	come
you	would have	come
he/she/it	would have	come
we	would have	come
you	would have	come
they	would have	come

come *kommen*

Beispiele und Wendungen

Will you come to the theatre with me?
Kommst Du mit mir ins Theater?

to come into a room	*in ein Zimmer kommen*
Look, here comes your mother!	*Sieh mal, hier kommt deine Mutter!*
to come by train	*mit dem Zug kommen*
to come to a decision	*zu einer Entscheidung gelangen*
to come to a conclusion	*zu einer Schlussfolgerung kommen*
How come?	*Warum?*

Weitere Verben

come back – come from – come over

When will she come back?	*Wann kommt sie zurück?*
My father comes from Italy.	*Mein Vater kommt aus Italien.*
Why don't you come over?	*Warum kommst du nicht mal vorbei?*

Besonderheiten

Beachten Sie den Unterschied zwischen den Verben come und **go**. Beides sind Verben der Bewegung, wobei come eine Bewegung hin zum Sprecher oder Hörer bezeichnet und **go** für Bewegungen zu anderen Orten benutzt wird.

Come here, please!	*Kommen Sie bitte hierher!*
We could go over there.	*Wir könnten nach dort drüben gehen.*

Tipp

Genauso wie come wird das Verb **become** konjugiert:

come	came	come	*(kommen)*
become	became	become	*(werden)*

Eigene Notizen:

cook *kochen*

Simple

Present Simple

I	cook
you	cook
he/she/it	cooks
we	cook
you	cook
they	cook

Past Simple

I	cooked
you	cooked
he/she/it	cooked
we	cooked
you	cooked
they	cooked

Present Perfect

I	have	cooked
you	have	cooked
he/she/it	has	cooked
we	have	cooked
you	have	cooked
they	have	cooked

Past Perfect

I	had	cooked
you	had	cooked
he/she/it	had	cooked
we	had	cooked
you	had	cooked
they	had	cooked

Continuous

Present Continuous

I	am	cooking
you	are	cooking
he/she/it	is	cooking
we	are	cooking
you	are	cooking
they	are	cooking

Past Continuous

I	was	cooking
you	were	cooking
he/she/it	was	cooking
we	were	cooking
you	were	cooking
they	were	cooking

Present Perfect Continuous

I	have been	cooking
you	have been	cooking
he/she/it	has been	cooking
we	have been	cooking
you	have been	cooking
they	have been	cooking

Past Perfect Continuous

I	had been	cooking
you	had been	cooking
he/she/it	had been	cooking
we	had been	cooking
you	had been	cooking
they	had been	cooking

Future

Future I

I	will	cook
you	will	cook
he/she/it	will	cook
we	will	cook
you	will	cook
they	will	cook

Future I Continuous

I	will be	cooking
you	will be	cooking
he/she/it	will be	cooking
we	will be	cooking
you	will be	cooking
they	will be	cooking

Future II

I	will have	cooked
you	will have	cooked
he/she/it	will have	cooked
we	will have	cooked
you	will have	cooked
they	will have	cooked

Future II Continuous

I	will have been	cooking
you	will have been	cooking
he/she/it	will have been	cooking
we	will have been	cooking
you	will have been	cooking
they	will have been	cooking

Imperative

cook

Gerund

cooking

Past Participle

cooked

Conditional

Conditional II

I	would	cook
you	would	cook
he/she/it	would	cook
we	would	cook
you	would	cook
they	would	cook

Conditional Past

I	would have	cooked
you	would have	cooked
he/she/it	would have	cooked
we	would have	cooked
you	would have	cooked
they	would have	cooked

cook *kochen*

Beispiele und Wendungen

She cooked us a wonderful meal.
Sie kochte uns ein wunderbares Essen.

to cook lunch / dinner	*das Mittagessen / Abendessen kochen*
to cook a meal for sb	*ein Essen für jmdn. kochen*
How do you cook this fish?	*Wie wird dieser Fisch zubereitet?*
The meat takes 10 minutes to cook.	*Das Fleisch ist in 10 Minuten fertig.*
What's cooking?	*Was ist los?*

Weitere Verben

cook up

to cook up a story	*eine Geschichte erfinden*

Besonderheiten

Achtung! Verwechseln Sie nicht das Verb cook mit dem Substantiv **cook** *(Koch / Köchin)*.

Beachten Sie außerdem bei der Aussprache von cook [kʊk], dass der Vokal – genau wie bei den Verben **book** [bʊk] oder **look** [lʊk] – kurz gesprochen wird!

Tipp

Lassen Sie sich nicht irritieren, wenn Sie z. B. beim Lesen auf viele neue Wörter stoßen. Versuchen Sie, über Ähnlichkeiten zu Ihrer eigenen Sprache die Bedeutung zu erraten. Die Bedeutung der Wörter im Text können Sie sich oft auch aus dem Zusammenhang erschließen. Stellen Sie sich auch beim Lesen eines Textes immer wieder Fragen:
Um was für einen Text handelt es sich? Was weiß ich bereits zu diesem Thema?
Sie werden sehen, durch solche oder ähnliche Fragen kommen Sie der Bedeutung eines Textes oft näher!

Eigene Notizen:

cost – cost – cost *kosten*

Simple

Present Simple

I	cost
you	cost
he/she/it	costs
we	cost
you	cost
they	cost

Past Simple

I	cost
you	cost
he/she/it	cost
we	cost
you	cost
they	cost

Present Perfect

I	have cost
you	have cost
he/she/it	has cost
we	have cost
you	have cost
they	have cost

Past Perfect

I	had cost
you	had cost
he/she/it	had cost
we	had cost
you	had cost
they	had cost

Continuous

Present Continuous

I	am costing
you	are costing
he/she/it	is costing
we	are costing
you	are costing
they	are costing

Past Continuous

I	was costing
you	were costing
he/she/it	was costing
we	were costing
you	were costing
they	were costing

Present Perfect Continuous

I	have been costing
you	have been costing
he/she/it	has been costing
we	have been costing
you	have been costing
they	have been costing

Past Perfect Continuous

I	had been costing
you	had been costing
he/she/it	had been costing
we	had been costing
you	had been costing
they	had been costing

Future

Future I

I	will cost
you	will cost
he/she/it	will cost
we	will cost
you	will cost
they	will cost

Future I Continuous

I	will be costing
you	will be costing
he/she/it	will be costing
we	will be costing
you	will be costing
they	will be costing

Future II

I	will have cost
you	will have cost
he/she/it	will have cost
we	will have cost
you	will have cost
they	will have cost

Future II Continuous

I	will have been costing
you	will have been costing
he/she/it	will have been costing
we	will have been costing
you	will have been costing
they	will have been costing

Imperative
cost

Gerund
costing

Past Participle
cost

Conditional

Conditional II

I	would cost
you	would cost
he/she/it	would cost
we	would cost
you	would cost
they	would cost

Conditional Past

I	would have cost
you	would have cost
he/she/it	would have cost
we	would have cost
you	would have cost
they	would have cost

cost *kosten*

Beispiele und Wendungen

This shirt costs £20.
Dieses Hemd kostet 20 Pfund.

to cost money	*Geld kosten*
to cost £50	*50 Pfund kosten*
How much does it cost?	*Wie viel kostet es?*
It doesn't cost anything to ask.	*Fragen kostet nichts.*
to cost a small fortune	*ein kleines Vermögen kosten*
That will cost you dearly!	*Das wird dich teuer zu stehen kommen!*

Besonderheiten

Achten Sie besonders auf die unregelmäßige Form von cost im **Past Simple** und im **Past Participle** – sie lautet immer **cost**! Man sagt also:

It **cost** him a lot of money. und nicht: *It ~~costed~~ him a lot of money.

Tipp

Wie bei cost sind auch bei einer Reihe von weiteren Verben alle drei Grundformen gleich:

cost cost cost *(kosten)*

Weitere solche Verben sind **bet**, **bid**, **burst**, **cut**, **hit**, **hurt**, **let**, **put**, **quit**, **set**, **shut**, **slit**, **split** und **spread**.

Versuchen Sie die Verben, die Sie gerade lernen, in Ihren Alltag einzubringen. Dies bietet sich gerade bei cost besonders an: Überlegen Sie sich doch einmal beim Einkaufen ganze Sätze auf Englisch mit der jeweils richtigen Verbform von cost. So können Sie gleichzeitig die englischen Zahlen üben!

Versuchen Sie auch, weitere Verben zum Thema Einkaufen zu finden und bilden Sie Sätze auch mit diesen Verben. Wie wäre es z. B. mit **buy** oder **pay**?

Eigene Notizen:

cut – cut – cut *schneiden*

Konsonantenverdopplung

Simple

Present Simple

I	cut
you	cut
he/she/it	cuts
we	cut
you	cut
they	cut

Past Simple

I	cut
you	cut
he/she/it	cut
we	cut
you	cut
they	cut

Present Perfect

I	have	cut
you	have	cut
he/she/it	has	cut
we	have	cut
you	have	cut
they	have	cut

Past Perfect

I	had	cut
you	had	cut
he/she/it	had	cut
we	had	cut
you	had	cut
they	had	cut

Continuous

Present Continuous

I	am	cutting
you	are	cutting
he/she/it	is	cutting
we	are	cutting
you	are	cutting
they	are	cutting

Past Continuous

I	was	cutting
you	were	cutting
he/she/it	was	cutting
we	were	cutting
you	were	cutting
they	were	cutting

Present Perfect Continuous

I	have been	cutting
you	have been	cutting
he/she/it	has been	cutting
we	have been	cutting
you	have been	cutting
they	have been	cutting

Past Perfect Continuous

I	had been	cutting
you	had been	cutting
he/she/it	had been	cutting
we	had been	cutting
you	had been	cutting
they	had been	cutting

Future

Future I

I	will	cut
you	will	cut
he/she/it	will	cut
we	will	cut
you	will	cut
they	will	cut

Future I Continuous

I	will be	cutting
you	will be	cutting
he/she/it	will be	cutting
we	will be	cutting
you	will be	cutting
they	will be	cutting

Future II

I	will have	cut
you	will have	cut
he/she/it	will have	cut
we	will have	cut
you	will have	cut
they	will have	cut

Future II Continuous

I	will have been	cutting
you	will have been	cutting
he/she/it	will have been	cutting
we	will have been	cutting
you	will have been	cutting
they	will have been	cutting

Imperative

cut

Gerund

cutting

Past Participle

cut

Conditional

Conditional II

I	would	cut
you	would	cut
he/she/it	would	cut
we	would	cut
you	would	cut
they	would	cut

Conditional Past

I	would have	cut
you	would have	cut
he/she/it	would have	cut
we	would have	cut
you	would have	cut
they	would have	cut

cut *schneiden*

Beispiele und Wendungen

Can you cut the onions?
Kannst du die Zwiebeln schneiden?

to cut sth into pieces	*etw. in Stücke schneiden*
to cut sth with a knife	*etw. mit einem Messer schneiden*
to cut a hole into sth	*ein Loch in etw. schneiden*
Can you cut me a slice of bread?	*Kannst du mir eine Scheibe Brot abschneiden?*
to cut the grass / lawn	*den Rasen mähen*
to have one's hair cut	*sich die Haare schneiden lassen*

Weitere Verben

cut down

You should cut down on smoking!	*Du solltest weniger rauchen!*

Besonderheiten

Da bei dem Verb cut alle drei Grundformen gleich sind, müssen Sie sich die jeweilige Zeitform oft aus dem Zusammenhang erschließen. In den folgenden Sätzen beispielsweise erkennt man die Zeitform an der **Zeitangabe**:

Today, I'll cut the lawn!	*Heute mähe ich den Rasen!*
Yesterday, I cut the lawn.	*Gestern habe ich den Rasen gemäht.*

Tipp

Bei einer Reihe von weiteren Verben sind – wie bei cut – alle drei Grundformen gleich, z. B. bei **bet**, **bid**, **burst**, **cost**, **hit**, **hurt**, **let**, **put**, **quit**, **set**, **shut**, **slit**, **split** und **spread**.

Eigene Notizen:

decide *entscheiden*

+ *-ing* → ~~e~~ / + *-d* nicht *-ed*

Simple

Present Simple

I	decide
you	decide
he/she/it	decides
we	decide
you	decide
they	decide

Past Simple

I	decided
you	decided
he/she/it	decided
we	decided
you	decided
they	decided

Present Perfect

I	have	decided
you	have	decided
he/she/it	has	decided
we	have	decided
you	have	decided
they	have	decided

Past Perfect

I	had	decided
you	had	decided
he/she/it	had	decided
we	had	decided
you	had	decided
they	had	decided

Continuous

Present Continuous

I	am	deciding
you	are	deciding
he/she/it	is	deciding
we	are	deciding
you	are	deciding
they	are	deciding

Past Continuous

I	was	deciding
you	were	deciding
he/she/it	was	deciding
we	were	deciding
you	were	deciding
they	were	deciding

Present Perfect Continuous

I	have been	deciding
you	have been	deciding
he/she/it	has been	deciding
we	have been	deciding
you	have been	deciding
they	have been	deciding

Past Perfect Continuous

I	had been	deciding
you	had been	deciding
he/she/it	had been	deciding
we	had been	deciding
you	had been	deciding
they	had been	deciding

Future

Future I

I	will	decide
you	will	decide
he/she/it	will	decide
we	will	decide
you	will	decide
they	will	decide

Future I Continuous

I	will be	deciding
you	will be	deciding
he/she/it	will be	deciding
we	will be	deciding
you	will be	deciding
they	will be	deciding

Future II

I	will have	decided
you	will have	decided
he/she/it	will have	decided
we	will have	decided
you	will have	decided
they	will have	decided

Future II Continuous

I	will have been	deciding
you	will have been	deciding
he/she/it	will have been	deciding
we	will have been	deciding
you	will have been	deciding
they	will have been	deciding

Imperative

decide

Gerund

deciding

Past Participle

decided

Conditional

Conditional II

I	would	decide
you	would	decide
he/she/it	would	decide
we	would	decide
you	would	decide
they	would	decide

Conditional Past

I	would have	decided
you	would have	decided
he/she/it	would have	decided
we	would have	decided
you	would have	decided
they	would have	decided

decide *entscheiden*

Beispiele und Wendungen

I've decided to spend my holidays in France.
Ich habe mich entschlossen, meinen Urlaub in Frankreich zu verbringen.

His mistake decided the game.
Sein Fehler hat das Spiel entschieden.

to decide to do sth	*sich entschließen, etw. zu tun*
Peter has decided that …	*Peter hat entschieden, dass …*
Have you decided what to do?	*Hast du schon entschieden, was du tun willst/wirst?*
to decide for/against sth	*sich für/gegen etw. entscheiden*
We decided in favour of another applicant.	*Wir haben uns für einen anderen Bewerber entschieden.*
You have to decide for yourself.	*Das müssen Sie selbst entscheiden.*

Weitere Verben

decide on

Have you decided on a name yet?	*Habt ihr euch schon auf einen Namen geeinigt?*

Tipp

Sie können Ihren Wortschatz erweitern, indem Sie manche Verben durch Wendungen ersetzen, die eine ähnliche Bedeutung haben. So ist z. B. die Konstruktion **make a decision** gleichbedeutend mit decide:

Have you decided?	*Hast du dich entschieden?*
Have you made a decision?	*Hast du eine Entscheidung getroffen?*

Unten können Sie sich solche und weitere Wendungen notieren!

Eigene Notizen:

do – did – done *tun / machen*

+ -*es* in 3. Person Singular

Simple

Present Simple

I	do
you	do
he/she/it	does
we	do
you	do
they	do

Past Simple

I	did
you	did
he/she/it	did
we	did
you	did
they	did

Present Perfect

I	have	done
you	have	done
he/she/it	has	done
we	have	done
you	have	done
they	have	done

Past Perfect

I	had	done
you	had	done
he/she/it	had	done
we	had	done
you	had	done
they	had	done

Continuous

Present Continuous

I	am	doing
you	are	doing
he/she/it	is	doing
we	are	doing
you	are	doing
they	are	doing

Past Continuous

I	was	doing
you	were	doing
he/she/it	was	doing
we	were	doing
you	were	doing
they	were	doing

Present Perfect Continuous

I	have been	doing
you	have been	doing
he/she/it	has been	doing
we	have been	doing
you	have been	doing
they	have been	doing

Past Perfect Continuous

I	had been	doing
you	had been	doing
he/she/it	had been	doing
we	had been	doing
you	had been	doing
they	had been	doing

Future

Future I

I	will	do
you	will	do
he/she/it	will	do
we	will	do
you	will	do
they	will	do

Future I Continuous

I	will be	doing
you	will be	doing
he/she/it	will be	doing
we	will be	doing
you	will be	doing
they	will be	doing

Future II

I	will have	done
you	will have	done
he/she/it	will have	done
we	will have	done
you	will have	done
they	will have	done

Future II Continuous

I	will have been	doing
you	will have been	doing
he/she/it	will have been	doing
we	will have been	doing
you	will have been	doing
they	will have been	doing

Imperative

do

Gerund

doing

Past Participle

done

Conditional

Conditional II

I	would	do
you	would	do
he/she/it	would	do
we	would	do
you	would	do
they	would	do

Conditional Past

I	would have	done
you	would have	done
he/she/it	would have	done
wedo	would have	done
you	would have	done
they	would have	done

do *tun/machen*

Beispiele und Wendungen

What shall we do now?
Was sollen wir jetzt machen?

Does he understand what we're saying?
Versteht er, was wir sagen?

How do you do? — *Wie geht es Ihnen?*
What are you doing? — *Was machst du?*
to do the dishes — *das Geschirr spülen*
She does look tired! — *Sie sieht wirklich müde aus!*
I did my best. — *Ich habe mein Bestes gegeben.*
What can I do for you? — *Was kann ich für Sie tun?*
Thank you, that will do! — *Danke, das genügt!*
I had my hair done. — *Ich habe mir die Haare schneiden lassen.*
to do well at school — *gut in der Schule sein*
A cup of tea will do you good. — *Eine Tasse Tee wir dir gut tun.*
What do you do? — *Was machen Sie beruflich?*

Besonderheiten

Als Hilfsverb wird do im Englischen sehr häufig benutzt, z. B. zur Bildung von Fragen oder zur Verneinung von Aussagesätzen.

Als Vollverb sollten Sie do nicht mit **make** verwechseln! Beide Verben bedeuten *tun* oder *machen*, es gibt jedoch keine feste Regel, wann welches Verb verwendet wird. Am besten lernen Sie diese beiden Verben also immer in einem konkreten Satz. Man sagt zum Beispiel:

I could do the dishes. — *Ich könnte das Geschirr spülen.*
Could you make the beds? — *Könntest du die Betten machen?*

Eigene Notizen:

drink – drank – drunk *trinken*

Simple

Present Simple

I	drink
you	drink
he/she/it	drinks
we	drink
you	drink
they	drink

Past Simple

I	drank
you	drank
he/she/it	drank
we	drank
you	drank
they	drank

Present Perfect

I	have	drunk
you	have	drunk
he/she/it	has	drunk
we	have	drunk
you	have	drunk
they	have	drunk

Past Perfect

I	had	drunk
you	had	drunk
he/she/it	had	drunk
we	had	drunk
you	had	drunk
they	had	drunk

Continuous

Present Continuous

I	am	drinking
you	are	drinking
he/she/it	is	drinking
we	are	drinking
you	are	drinking
they	are	drinking

Past Continuous

I	was	drinking
you	were	drinking
he/she/it	was	drinking
we	were	drinking
you	were	drinking
they	were	drinking

Present Perfect Continuous

I	have been	drinking
you	have been	drinking
he/she/it	has been	drinking
we	have been	drinking
you	have been	drinking
they	have been	drinking

Past Perfect Continuous

I	had been	drinking
you	had been	drinking
he/she/it	had been	drinking
we	had been	drinking
you	had been	drinking
they	had been	drinking

Future

Future I

I	will	drink
you	will	drink
he/she/it	will	drink
we	will	drink
you	will	drink
they	will	drink

Future I Continuous

I	will be	drinking
you	will be	drinking
he/she/it	will be	drinking
we	will be	drinking
you	will be	drinking
they	will be	drinking

Future II

I	will have	drunk
you	will have	drunk
he/she/it	will have	drunk
we	will have	drunk
you	will have	drunk
they	will have	drunk

Future II Continuous

I	will have been	drinking
you	will have been	drinking
he/she/it	will have been	drinking
we	will have been	drinking
you	will have been	drinking
they	will have been	drinking

Imperative

drink

Gerund

drinking

Past Participle

drunk

Conditional

Conditional II

I	would	drink
you	would	drink
he/she/it	would	drink
we	would	drink
you	would	drink
they	would	drink

Conditional Past

I	would have	drunk
you	would have	drunk
he/she/it	would have	drunk
we	would have	drunk
you	would have	drunk
they	would have	drunk

drink *trinken*

Beispiele und Wendungen

What would you like to drink?
Was möchten Sie trinken?

You should drink a glass of water.
Du solltest ein Glas Wasser trinken.

to drink a glass of wine / beer	*ein Glas Wein / Bier trinken*
No thanks, I don't drink.	*Nein danke, ich trinke nicht.*
to drink heavily	*viel (Alkohol) trinken*
to drink from the bottle	*aus der Flasche trinken*
She's never drunk that before.	*Das hat sie noch nie getrunken.*
Don't drink and drive!	*Kein Alkohol am Steuer!*
What are you drinking?	*Was möchtest du trinken?*
to drink a toast to sb	*auf jmdn. anstoßen*
My car drinks petrol.	*Mein Auto schluckt viel Benzin.*

Weitere Verben

drink to – drink up

I'll drink to that!	*Darauf trinke ich!*
Let's drink up and go.	*Lass uns austrinken und gehen.*

Tipp

Ähnlich wie drink werden auch eine Reihe von weiteren Verben konjugiert. Achten Sie dabei besonders auf den Wechsel der Vokale (**i** – **a** – **u**):

sing	sang	sung	*(singen)*
sink	sank	sunk	*(sinken)*

Weitere Verben nach demselben Muster sind z. B. **begin**, **ring**, **spring**, **stink** und **swim**.

Eigene Notizen:

drive – drove – driven *fahren*

+ *-ing* → *e̸*

Simple

Present Simple

I	drive
you	drive
he/she/it	drives
we	drive
you	drive
they	drive

Past Simple

I	drove
you	drove
he/she/it	drove
we	drove
you	drove
they	drove

Present Perfect

I	have	driven
you	have	driven
he/she/it	has	driven
we	have	driven
you	have	driven
they	have	driven

Past Perfect

I	had	driven
you	had	driven
he/she/it	had	driven
we	had	driven
you	had	driven
they	had	driven

Continuous

Present Continuous

I	am	driving
you	are	driving
he/she/it	is	driving
we	are	driving
you	are	driving
they	are	driving

Past Continuous

I	was	driving
you	were	driving
he/she/it	was	driving
we	were	driving
you	were	driving
they	were	driving

Present Perfect Continuous

I	have been	driving
you	have been	driving
he/she/it	has been	driving
we	have been	driving
you	have been	driving
they	have been	driving

Past Perfect Continuous

I	had been	driving
you	had been	driving
he/she/it	had been	driving
we	had been	driving
you	had been	driving
they	had been	driving

Future

Future I

I	will	drive
you	will	drive
he/she/it	will	drive
we	will	drive
you	will	drive
they	will	drive

Future I Continuous

I	will be	driving
you	will be	driving
he/she/it	will be	driving
we	will be	driving
you	will be	driving
they	will be	driving

Future II

I	will have	driven
you	will have	driven
he/she/it	will have	driven
we	will have	driven
you	will have	driven
they	will have	driven

Future II Continuous

I	will have been	driving
you	will have been	driving
he/she/it	will have been	driving
we	will have been	driving
you	will have been	driving
they	will have been	driving

Imperative

drive

Gerund

driving

Past Participle

driven

Conditional

Conditional II

I	would	drive
you	would	drive
he/she/it	would	drive
we	would	drive
you	would	drive
they	would	drive

Conditional Past

I	would have	driven
you	would have	driven
he/she/it	would have	driven
we	would have	driven
you	would have	driven
they	would have	driven

drive *fahren*

Beispiele und Wendungen

Can you drive?
Kannst du Auto fahren?

to drive a car	*ein Auto fahren*
to drive a coach	*einen Bus lenken*
to drive sb home	*jmdn. nach Hause fahren*
to learn to drive	*den Führerschein machen*
to drive on the left	*links fahren*
to drive into a tree	*gegen einen Baum fahren*
You drive me mad / crazy!	*Du machst mich verrückt!*
He was driven by anger.	*Er war vom Zorn getrieben.*

Weitere Verben

drive at

What are you driving at?	*Worauf wollen Sie hinaus?*

Besonderheiten

Das Verb drive wird meistens benutzt, wenn man selbst am Steuer eines motorisierten Fahrzeuges sitzt. Vergleichen Sie:

to drive a car	*ein Auto fahren*
to **take** the bus	*mit dem Bus fahren*
to **ride** by bicycle	*mit dem Fahrrad fahren*

Tipp

Das Markieren von Textstellen oder Wörtern ermöglicht es, verschiedene Aspekte einer Fremdsprache gezielt zu üben. So können Sie zum Beispiel eine Zeitform, die Sie gerade gelernt haben im Text markieren und in den unterschiedlichen Zusammenhängen lernen.

Eigene Notizen:

eat – ate – eaten *essen*

Simple

Present Simple

I	eat
you	eat
he/she/it	eats
we	eat
you	eat
they	eat

Past Simple

I	ate
you	ate
he/she/it	ate
we	ate
you	ate
they	ate

Present Perfect

I	have	eaten
you	have	eaten
he/she/it	has	eaten
we	have	eaten
you	have	eaten
they	have	eaten

Past Perfect

I	had	eaten
you	had	eaten
he/she/it	had	eaten
we	had	eaten
you	had	eaten
they	had	eaten

Continuous

Present Continuous

I	am	eating
you	are	eating
he/she/it	is	eating
we	are	eating
you	are	eating
they	are	eating

Past Continuous

I	was	eating
you	were	eating
he/she/it	was	eating
we	were	eating
you	were	eating
they	were	eating

Present Perfect Continuous

I	have been	eating
you	have been	eating
he/she/it	has been	eating
we	have been	eating
you	have been	eating
they	have been	eating

Past Perfect Continuous

I	had been	eating
you	had been	eating
he/she/it	had been	eating
we	had been	eating
you	had been	eating
they	had been	eating

Future

Future I

I	will	eat
you	will	eat
he/she/it	will	eat
we	will	eat
you	will	eat
they	will	eat

Future I Continuous

I	will be	eating
you	will be	eating
he/she/it	will be	eating
we	will be	eating
you	will be	eating
they	will be	eating

Future II

I	will have	eaten
you	will have	eaten
he/she/it	will have	eaten
we	will have	eaten
you	will have	eaten
they	will have	eaten

Future II Continuous

I	will have been	eating
you	will have been	eating
he/she/it	will have been	eating
we	will have been	eating
you	will have been	eating
they	will have been	eating

Imperative

eat

Gerund

eating

Past Participle

eaten

Conditional

Conditional II

I	would	eat
you	would	eat
he/she/it	would	eat
we	would	eat
you	would	eat
they	would	eat

Conditional Past

I	would have	eaten
you	would have	eaten
he/she/it	would have	eaten
we	would have	eaten
you	would have	eaten
they	would have	eaten

eat *essen*

Beispiele und Wendungen

Have you eaten?
Hast du schon gegessen?

I'm very hungry, I need something to eat.
Ich bin sehr hungrig, ich brauche etwas zum Essen.

to eat lunch / supper	*zu Mittag/Abend essen*
to eat breakfast	*frühstücken*
to eat a sandwich	*ein Sandwich essen*
to eat sth for lunch	*etw. zu Mittag essen*
to eat like a bird	*sehr wenig essen*
to eat like a horse	*sehr viel essen*
I'll eat my hat if …	*Ich fresse einen Besen, wenn …*
What's eating you?	*Was hast du denn?*

Weitere Verben

eat out – eat up

Shall we eat out today?	*Sollen wir heute essen gehen?*
He was eaten up with envy.	*Er platzte vor Neid.*

Tipp

Versuchen Sie, bestimmte Wendungen und Ausdrücke zu automatisieren, indem Sie sich diese immer wieder ansehen und wiederholen. So müssen Sie nicht immer überlegen, *wie* genau diese oder jene Wendung lautet, oder *was* genau der ein oder andere Ausdruck bedeutet.

Manchmal empfiehlt es sich auch durchaus, bestimmte feststehende Ausdrücke und Wendungen auswendig zu lernen. Wenn Sie eine Reihe der Beispielsätze in diesem Buch auswendig können, klingt Ihr Englisch schon viel besser!

Eigene Notizen:

enjoy *genießen*

Simple

Present Simple

I	enjoy
you	enjoy
he/she/it	enjoys
we	enjoy
you	enjoy
they	enjoy

Past Simple

I	enjoyed
you	enjoyed
he/she/it	enjoyed
we	enjoyed
you	enjoyed
they	enjoyed

Present Perfect

I	have	enjoyed
you	have	enjoyed
he/she/it	has	enjoyed
we	have	enjoyed
you	have	enjoyed
they	have	enjoyed

Past Perfect

I	had	enjoyed
you	had	enjoyed
he/she/it	had	enjoyed
we	had	enjoyed
you	had	enjoyed
they	had	enjoyed

Continuous

Present Continuous

I	am	enjoying
you	are	enjoying
he/she/it	is	enjoying
we	are	enjoying
you	are	enjoying
they	are	enjoying

Past Continuous

I	was	enjoying
you	were	enjoying
he/she/it	was	enjoying
we	were	enjoying
you	were	enjoying
they	were	enjoying

Present Perfect Continuous

I	have been	enjoying
you	have been	enjoying
he/she/it	has been	enjoying
we	have been	enjoying
you	have been	enjoying
they	have been	enjoying

Past Perfect Continuous

I	had been	enjoying
you	had been	enjoying
he/she/it	had been	enjoying
we	had been	enjoying
you	had been	enjoying
they	had been	enjoying

Future

Future I

I	will	enjoy
you	will	enjoy
he/she/it	will	enjoy
we	will	enjoy
you	will	enjoy
they	will	enjoy

Future I Continuous

I	will be	enjoying
you	will be	enjoying
he/she/it	will be	enjoying
we	will be	enjoying
you	will be	enjoying
they	will be	enjoying

Future II

I	will have	enjoyed
you	will have	enjoyed
he/she/it	will have	enjoyed
we	will have	enjoyed
you	will have	enjoyed
they	will have	enjoyed

Future II Continuous

I	will have been	enjoying
you	will have been	enjoying
he/she/it	will have been	enjoying
we	will have been	enjoying
you	will have been	enjoying
they	will have been	enjoying

Imperative

enjoy

Gerund

enjoying

Past Participle

enjoyed

Conditional

Conditional II

I	would	enjoy
you	would	enjoy
he/she/it	would	enjoy
we	would	enjoy
you	would	enjoy
they	would	enjoy

Conditional Past

I	would have	enjoyed
you	would have	enjoyed
he/she/it	would have	enjoyed
we	would have	enjoyed
you	would have	enjoyed
they	would have	enjoyed

enjoy *genießen*

Beispiele und Wendungen

Did you enjoy the film?
Hat dir der Film gefallen?

I really enjoyed myself a lot last night!
Ich habe mich gestern abend wirklich sehr amüsiert!

to enjoy doing sth	*etw. gerne tun*
to enjoy reading	*gerne lesen*
to enjoy a holiday	*einen Urlaub genießen*
He enjoyed the meal.	*Das Essen hat ihm gut geschmeckt.*
I really enjoyed talking to you!	*Es war wirklich nett, sich mit Ihnen zu unterhalten!*
to enjoy life	*das Leben genießen*
He enjoys the company of women.	*Er ist gerne mit Frauen zusammen.*
to enjoy an advantage	*einen Vorteil genießen*
to enjoy oneself	*sich amüsieren*
Enjoy yourself!	*Viel Spaß!*
to enjoy good health	*sich guter Gesundheit erfreuen*

Besonderheiten

In den meisten Fällen folgt auf das Verb enjoy entweder ein Nomen, ein Pronomen oder ein Verb in der **-ing** Form. Enjoy steht also nie alleine (außer im gesprochenen amerikanischen Englisch):

We enjoyed **the show.**	*Die Show hat uns gefallen.*	(Nomen)
Did you enjoy **yourselves**?	*Habt ihr euch amüsiert?*	(Pronomen)
He enjoys **swimming.**	*Er schwimmt gerne.*	(-ing Form)
Enjoy!	*Viel Spaß!*	(AE)

Eigene Notizen:

fall – fell – fallen *fallen / stürzen*

Simple

Present Simple

I	fall
you	fall
he/she/it	falls
we	fall
you	fall
they	fall

Past Simple

I	fell
you	fell
he/she/it	fell
we	fell
you	fell
they	fell

Present Perfect

I	have	fallen
you	have	fallen
he/she/it	has	fallen
we	have	fallen
you	have	fallen
they	have	fallen

Past Perfect

I	had	fallen
you	had	fallen
he/she/it	had	fallen
we	had	fallen
you	had	fallen
they	had	fallen

Continuous

Present Continuous

I	am	falling
you	are	falling
he/she/it	is	falling
we	are	falling
you	are	falling
they	are	falling

Past Continuous

I	was	falling
you	were	falling
he/she/it	was	falling
we	were	falling
you	were	falling
they	were	falling

Present Perfect Continuous

I	have been	falling
you	have been	falling
he/she/it	has been	falling
we	have been	falling
you	have been	falling
they	have been	falling

Past Perfect Continuous

I	had been	falling
you	had been	falling
he/she/it	had been	falling
we	had been	falling
you	had been	falling
they	had been	falling

Future

Future I

I	will	fall
you	will	fall
he/she/it	will	fall
we	will	fall
you	will	fall
they	will	fall

Future I Continuous

I	will be	falling
you	will be	falling
he/she/it	will be	falling
we	will be	falling
you	will be	falling
they	will be	falling

Future II

I	will have	fallen
you	will have	fallen
he/she/it	will have	fallen
we	will have	fallen
you	will have	fallen
they	will have	fallen

Future II Continuous

I	will have been	falling
you	will have been	falling
he/she/it	will have been	falling
we	will have been	falling
you	will have been	falling
they	will have been	falling

Imperative
fall

Gerund
falling

Past Participle
fallen

Conditional

Conditional II

I	would	fall
you	would	fall
he/she/it	would	fall
we	would	fall
you	would	fall
they	would	fall

Conditional Past

I	would have	fallen
you	would have	fallen
he/she/it	would have	fallen
we	would have	fallen
you	would have	fallen
they	would have	fallen

fall *fallen/stürzen*

Beispiele und Wendungen

I fell and broke my arm.
Ich stürzte und brach mir den Arm.

You don't have to fall to your knees in front of me.
Vor mir musst du nicht auf die Knie fallen.

to fall into sb's arms	*jmdm. in die Arme fallen*
to fall into bed	*ins Bett fallen*
to fall on the floor	*auf den Boden fallen*
to fall to pieces	*zerbrechen/in die Brüche gehen*
Prices are falling again.	*Die Preise fallen wieder.*
to fall asleep	*einschlafen*
to fall in love with sb	*sich in jmdn. verlieben*
Night is already falling!	*Es wird schon dunkel!*

Weitere Verben

fall apart – fall down

My old car is falling apart.	*Mein altes Auto fällt auseinander.*
She fell down the stairs.	*Sie fiel die Treppe hinunter.*

Besonderheiten

Das Verb fall lässt sich mit einer Reihe von **Präpositionen** verbinden. Dadurch wird die Grundbedeutung *(fallen/stürzen)* ergänzt und man erhält so weitere Informationen, z. B. *wohin* jemand oder etwas fällt, oder auch *wo* eine Fallbewegung ihren Ursprung hat:

He fell **into** bed.	*Er fiel ins Bett.*
Don't fall **off** the chair!	*Fall nicht vom Stuhl!*
I almost fell **over** the cable!	*Ich bin fast über das Kabel gestürzt!*

Eigene Notizen:

feel – felt – felt *fühlen*

Simple

Present Simple

I	feel
you	feel
he/she/it	feels
we	feel
you	feel
they	feel

Past Simple

I	felt
you	felt
he/she/it	felt
we	felt
you	felt
they	felt

Present Perfect

I	have	felt
you	have	felt
he/she/it	has	felt
we	have	felt
you	have	felt
they	have	felt

Past Perfect

I	had	felt
you	had	felt
he/she/it	had	felt
we	had	felt
you	had	felt
they	had	felt

Continuous

Present Continuous

I	am	feeling
you	are	feeling
he/she/it	is	feeling
we	are	feeling
you	are	feeling
they	are	feeling

Past Continuous

I	was	feeling
you	were	feeling
he/she/it	was	feeling
we	were	feeling
you	were	feeling
they	were	feeling

Present Perfect Continuous

I	have been	feeling
you	have been	feeling
he/she/it	has been	feeling
we	have been	feeling
you	have been	feeling
they	have been	feeling

Past Perfect Continuous

I	had been	feeling
you	had been	feeling
he/she/it	had been	feeling
we	had been	feeling
you	had been	feeling
they	had been	feeling

Future

Future I

I	will	feel
you	will	feel
he/she/it	will	feel
we	will	feel
you	will	feel
they	will	feel

Future I Continuous

I	will be	feeling
you	will be	feeling
he/she/it	will be	feeling
we	will be	feeling
you	will be	feeling
they	will be	feeling

Future II

I	will have	felt
you	will have	felt
he/she/it	will have	felt
we	will have	felt
you	will have	felt
they	will have	felt

Future II Continuous

I	will have been	feeling
you	will have been	feeling
he/she/it	will have been	feeling
we	will have been	feeling
you	will have been	feeling
they	will have been	feeling

Imperative

feel

Gerund

feeling

Past Participle

felt

Conditional

Conditional II

I	would	feel
you	would	feel
he/she/it	would	feel
we	would	feel
you	would	feel
they	would	feel

Conditional Past

I	would have	felt
you	would have	felt
he/she/it	would have	felt
we	would have	felt
you	would have	felt
they	would have	felt

feel *fühlen*

Beispiele und Wendungen

I don't feel well today.
Ich fühle mich heute nicht wohl.

to feel sad / glad	*traurig / froh sein*
to feel good / bad	*sich gut / schlecht fühlen*
How do you feel about that?	*Was hältst du davon?*
I feel that …	*Ich bin der Meinung, dass …*
Feel free to visit us!	*Du kannst uns gerne besuchen!*
I felt like dancing.	*Ich hatte Lust zu tanzen.*

Weitere Verben

feel for

I really feel for you. — *Du tust mir wirklich Leid.*

Besonderheiten

Achten Sie bei feel darauf, dass dieses Verb nicht immer in der **Continuous Form** verwendet werden kann. Besonders in der Bedeutung *der Meinung sein* ist die **Continuous Form** nicht üblich (mehr dazu auf Seite 13):

I feel / ~~am feeling~~ that we should ask someone.
Ich bin der Meinung, dass wir jemanden fragen sollten.

Tipp

Genauso wie feel werden eine Reihe von anderen Verben konjugiert:

kneel	knelt	knelt	*(knien)*
weep	wept	wept	*(weinen)*

Weitere Verben mit diesem Muster sind **creep**, **keep**, **sleep** und **sweep**.

Eigene Notizen:

find – found – found *finden*

Simple

Present Simple

I	find
you	find
he/she/it	finds
we	find
you	find
they	find

Past Simple

I	found
you	found
he/she/it	found
we	found
you	found
they	found

Present Perfect

I	have	found
you	have	found
he/she/it	has	found
we	have	found
you	have	found
they	have	found

Past Perfect

I	had	found
you	had	found
he/she/it	had	found
we	had	found
you	had	found
they	had	found

Continuous

Present Continuous

I	am	finding
you	are	finding
he/she/it	is	finding
we	are	finding
you	are	finding
they	are	finding

Past Continuous

I	was	finding
you	were	finding
he/she/it	was	finding
we	were	finding
you	were	finding
they	were	finding

Present Perfect Continuous

I	have been	finding
you	have been	finding
he/she/it	has been	finding
we	have been	finding
you	have been	finding
they	have been	finding

Past Perfect Continuous

I	had been	finding
you	had been	finding
he/she/it	had been	finding
we	had been	finding
you	had been	finding
they	had been	finding

Future

Future I

I	will	find
you	will	find
he/she/it	will	find
we	will	find
you	will	find
they	will	find

Future I Continuous

I	will be	finding
you	will be	finding
he/she/it	will be	finding
we	will be	finding
you	will be	finding
they	will be	finding

Future II

I	will have	found
you	will have	found
he/she/it	will have	found
we	will have	found
you	will have	found
they	will have	found

Future II Continuous

I	will have been	finding
you	will have been	finding
he/she/it	will have been	finding
we	will have been	finding
you	will have been	finding
they	will have been	finding

Imperative

find

Gerund

finding

Past Participle

found

Conditional

Conditional II

I	would	find
you	would	find
he/she/it	would	find
we	would	find
you	would	find
they	would	find

Conditional Past

I	would have	found
you	would have	found
he/she/it	would have	found
we	would have	found
you	would have	found
they	would have	found

find *finden*

Beispiele und Wendungen

Have you found a new job?
Hast du eine neue Arbeit gefunden?

to find a solution	*eine Lösung finden*
to find an excuse	*eine Ausrede finden*
to find sth easy / difficult	*etw. leicht / schwierig finden*
to find sb guilty / innocent	*jmdn. für schuldig / unschuldig erklären*
You'll find that I'm right!	*Sie werden sehen, dass ich Recht habe!*
I found him sleeping on the sofa.	*Ich fand ihn schlafend auf dem Sofa.*

Weitere Verben

find out

Did you find out where he is?	*Hast du herausgefunden, wo er steckt?*

Besonderheiten

Verwechseln Sie nicht das Verb find mit dem regelmäßig gebildeten Verb **found** *(gründen)*! So ist beispielsweise die **Past Simple** Form von find identisch mit dem Infinitiv von **found**:

He found his keys.	*Er hat seinen Schlüssel gefunden.*
We are going to found a new school.	*Wir werden eine neue Schule gründen.*

Tipp

Genauso wie find werden die Verben **bind** (bound – bound / *binden*), **grind** (ground – ground / *(zer)mahlen*) und **wind** (wound – wound / *wickeln, spulen*) konjugiert.

Eigene Notizen:

fly – flew – flown *fliegen*

-y → *-ie* vor *-s*

Simple

Present Simple

I	fly
you	fly
he/she/it	flies
we	fly
you	fly
they	fly

Past Simple

I	flew
you	flew
he/she/it	flew
we	flew
you	flew
they	flew

Present Perfect

I	have	flown
you	have	flown
he/she/it	has	flown
we	have	flown
you	have	flown
they	have	flown

Past Perfect

I	had	flown
you	had	flown
he/she/it	had	flown
we	had	flown
you	had	flown
they	had	flown

Continuous

Present Continuous

I	am	flying
you	are	flying
he/she/it	is	flying
we	are	flying
you	are	flying
they	are	flying

Past Continuous

I	was	flying
you	were	flying
he/she/it	was	flying
we	were	flying
you	were	flying
they	were	flying

Present Perfect Continuous

I	have been	flying
you	have been	flying
he/she/it	has been	flying
we	have been	flying
you	have been	flying
they	have been	flying

Past Perfect Continuous

I	had been	flying
you	had been	flying
he/she/it	had been	flying
we	had been	flying
you	had been	flying
they	had been	flying

Future

Future I

I	will	fly
you	will	fly
he/she/it	will	fly
we	will	fly
you	will	fly
they	will	fly

Future I Continuous

I	will be	flying
you	will be	flying
he/she/it	will be	flying
we	will be	flying
you	will be	flying
they	will be	flying

Future II

I	will have	flown
you	will have	flown
he/she/it	will have	flown
we	will have	flown
you	will have	flown
they	will have	flown

Future II Continuous

I	will have been	flying
you	will have been	flying
he/she/it	will have been	flying
we	will have been	flying
you	will have been	flying
they	will have been	flying

Imperative

fly

Gerund

flying

Past Participle

flown

Conditional

Conditional II

I	would	fly
you	would	fly
he/she/it	would	fly
we	would	fly
you	would	fly
they	would	fly

Conditional Past

I	would have	flown
you	would have	flown
he/she/it	would have	flown
we	would have	flown
you	would have	flown
they	would have	flown

fly *fliegen*

Beispiele und Wendungen

We will fly from Heathrow.
Wir werden von Heathrow abfliegen.

Suddenly, the door flew open.
Plötzlich flog die Tür auf.

to fly to London	*nach London fliegen*
She flew down the stairs.	*Sie sauste die Treppe hinunter.*
Time flies.	*Die Zeit vergeht wie im Flug.*
I must fly!	*Ich muss mich sputen!*

Weitere Verben

fly about – fly at – fly by

There is a rumour flying about that ...	*Es geht das Gerücht um, dass ...*
to fly at sb in rage	*auf jmdn. voller Wut losgehen*
The day has flown by.	*Der Tag verging wie im Flug.*

Besonderheiten

Neben der Grundbedeutung *(fliegen)* kann das Verb fly auch die Bedeutung *fliehen* oder *flüchten* haben. In diesem Fall ist fly gleichbedeutend mit dem Verb **escape**. Verwechseln Sie also nicht die unterschiedlichen Bedeutungen von fly!

They flew / escaped from the country.	*Sie flüchteten aus dem Land.*
They flew out of the country.	*Sie flogen aus dem Land aus.*

Tipp

Genauso wie fly werden **blow** (blew – blown / *blasen*), **grow** (grew – grown / *wachsen*), **know** (knew – known / *wissen, kennen*) und **throw** (threw – thrown / *werfen*) konjugiert.

Eigene Notizen:

forget – forgot – forgotten *vergessen*

Konsonantenverdopplung

Simple

Present Simple

I	forget
you	forget
he/she/it	forgets
we	forget
you	forget
they	forget

Past Simple

I	forgot
you	forgot
he/she/it	forgot
we	forgot
you	forgot
they	forgot

Present Perfect

I	have	forgotten
you	have	forgotten
he/she/it	has	forgotten
we	have	forgotten
you	have	forgotten
they	have	forgotten

Past Perfect

I	had	forgotten
you	had	forgotten
he/she/it	had	forgotten
we	had	forgotten
you	had	forgotten
they	had	forgotten

Continuous

Present Continuous

I	am	forgetting
you	are	forgetting
he/she/it	is	forgetting
we	are	forgetting
you	are	forgetting
they	are	forgetting

Past Continuous

I	was	forgetting
you	were	forgetting
he/she/it	was	forgetting
we	were	forgetting
you	were	forgetting
they	were	forgetting

Present Perfect Continuous

I	have been	forgetting
you	have been	forgetting
he/she/it	has been	forgetting
we	have been	forgetting
you	have been	forgetting
they	have been	forgetting

Past Perfect Continuous

I	had been	forgetting
you	had been	forgetting
he/she/it	had been	forgetting
we	had been	forgetting
you	had been	forgetting
they	had been	forgetting

Future

Future I

I	will	forget
you	will	forget
he/she/it	will	forget
we	will	forget
you	will	forget
they	will	forget

Future I Continuous

I	will be	forgetting
you	will be	forgetting
he/she/it	will be	forgetting
we	will be	forgetting
you	will be	forgetting
they	will be	forgetting

Future II

I	will have	forgotten
you	will have	forgotten
he/she/it	will have	forgotten
we	will have	forgotten
you	will have	forgotten
they	will have	forgotten

Future II Continuous

I	will have been	forgetting
you	will have been	forgetting
he/she/it	will have been	forgetting
we	will have been	forgetting
you	will have been	forgetting
they	will have been	forgetting

Imperative

forget

Gerund

forgetting

Past Participle

forgotten

Conditional

Conditional II

I	would	forget
you	would	forget
he/she/it	would	forget
we	would	forget
you	would	forget
they	would	forget

Conditional Past

I	would have	forgotten
you	would have	forgotten
he/she/it	would have	forgotten
we	would have	forgotten
you	would have	forgotten
they	would have	forgotten

forget *vergessen*

Beispiele und Wendungen

He forgot his wife's birthday.
Er vergaß den Geburtstag seiner Frau.

Don't forget to pick up the children from school!
Vergiss nicht, die Kinder von der Schule abzuholen!

to forget a date	*eine Verabredung vergessen*
to forget an appointment	*einen Termin vergessen*
to forget to do sth	*vergessen, etw. zu tun*
I had forgotten that …	*Ich hatte vergessen, dass …*
Forget it!	*Vergiss es!*
… and don't you forget it!	*… und lass dir das gesagt sein!*
I nearly forgot myself.	*Beinahe vergaß ich mich.*
Have you forgotten your manners?	*Wo sind deine Manieren?*

Besonderheiten

Auf das Verb forget kann ein Verb im **Infinitiv** mit **to** oder in der **-ing** Form folgen. Dabei ändert sich jedoch die Bedeutung. Vergleichen Sie:

I forgot to post the letter.	*Ich vergaß, den Brief einzuwerfen.*
I forgot posting the letter.	*Ich habe vergessen, ob ich den Brief eingeworfen habe.*

Tipp

Die Verben **leave** und forget können eine ähnliche Bedeutung haben: Beide werden benutzt, wenn man beschreiben will, dass man etwas vergessen hat. Dabei verwendet man jedoch **leave** nur, wenn man auch den *Ort* nennt, an dem man etwas vergessen hat. Man sagt also:

I've left my keys at the office. und nicht:
*I've ~~forgotten~~ my keys at the office.

Eigene Notizen:

get – got – got *bekommen*

Im AE ist das Partizip Perfekt *gotten*. / Konsonantenverdopplung

Simple

Present Simple

I	get
you	get
he/she/it	gets
we	get
you	get
they	get

Past Simple

I	got
you	got
he/she/it	got
we	got
you	got
they	got

Present Perfect

I	have	got
you	have	got
he/she/it	has	got
we	have	got
you	have	got
they	have	got

Past Perfect

I	had	got
you	had	got
he/she/it	had	got
we	had	got
you	had	got
they	had	got

Continuous

Present Continuous

I	am	getting
you	are	getting
he/she/it	is	getting
we	are	getting
you	are	getting
they	are	getting

Past Continuous

I	was	getting
you	were	getting
he/she/it	was	getting
we	were	getting
you	were	getting
they	were	getting

Present Perfect Continuous

I	have been	getting
you	have been	getting
he/she/it	has been	getting
we	have been	getting
you	have been	getting
they	have been	getting

Past Perfect Continuous

I	had been	getting
you	had been	getting
he/she/it	had been	getting
we	had been	getting
you	had been	getting
they	had been	getting

Future

Future I

I	will	get
you	will	get
he/she/it	will	get
we	will	get
you	will	get
they	will	get

Future I Continuous

I	will be	getting
you	will be	getting
he/she/it	will be	getting
we	will be	getting
you	will be	getting
they	will be	getting

Future II

I	will have	got
you	will have	got
he/she/it	will have	got
we	will have	got
you	will have	got
they	will have	got

Future II Continuous

I	will have been	getting
you	will have been	getting
he/she/it	will have been	getting
we	will have been	getting
you	will have been	getting
they	will have been	getting

Imperative

get

Gerund

getting

Past Participle

got/gotten

Conditional

Conditional II

I	would	get
you	would	get
he/she/it	would	get
we	would	get
you	would	get
they	would	get

Conditional Past

I	would have	got
you	would have	got
he/she/it	would have	got
we	would have	got
you	would have	got
they	would have	got

get *bekommen*

Beispiele und Wendungen

Did you get my letter?
Hast du meinen Brief bekommen?

We could get the next train to Liverpool.
Wir könnten den nächsten Zug nach Liverpool nehmen.

to get a present from sb	*von jmdm. ein Geschenk bekommen*
I got the impression that ...	*Ich hatte den Eindruck, dass ...*
Are you getting better?	*Geht es dir besser?*
She hasn't got a car.	*Sie hat kein Auto.*
to get angry	*wütend werden*
I don't get it!	*Das kapiere ich nicht!*
How do we get to Manchester?	*Wie kommen wir nach Manchester?*

Weitere Verben

get along – get up

to get along with sb	*mit jmdm. zurechtkommen*
He had to get up early.	*Er musste früh aufstehen.*

Besonderheiten

Das **Past Participle** got wird häufig auch in Verbindung mit dem Verb **have** benutzt. Mehr dazu finden Sie unter **have** (Verb Nr. 38).

Tipp

Schlagen Sie get ruhig einmal in einem Wörterbuch nach. Sie werden sehen, dass die Bedeutung dieses Verbs sehr unterschiedlich ist *(bekommen, kaufen, holen, ...)*, je nachdem, was für ein Wort danach folgt. Notieren Sie sich weitere nützliche Wendungen mit get!

Eigene Notizen:

give – gave – given *geben*

\+ *-ing* → ~~e~~

Simple

Present Simple

I	give
you	give
he/she/it	gives
we	give
you	give
they	give

Past Simple

I	gave
you	gave
he/she/it	gave
we	gave
you	gave
they	gave

Present Perfect

I	have	given
you	have	given
he/she/it	has	given
we	have	given
you	have	given
they	have	given

Past Perfect

I	had	given
you	had	given
he/she/it	had	given
we	had	given
you	had	given
they	had	given

Continuous

Present Continuous

I	am	giving
you	are	giving
he/she/it	is	giving
we	are	giving
you	are	giving
they	are	giving

Past Continuous

I	was	giving
you	were	giving
he/she/it	was	giving
we	were	giving
you	were	giving
they	were	giving

Present Perfect Continuous

I	have been	giving
you	have been	giving
he/she/it	has been	giving
we	have been	giving
you	have been	giving
they	have been	giving

Past Perfect Continuous

I	had been	giving
you	had been	giving
he/she/it	had been	giving
we	had been	giving
you	had been	giving
they	had been	giving

Future

Future I

I	will	give
you	will	give
he/she/it	will	give
we	will	give
you	will	give
they	will	give

Future I Continuous

I	will be	giving
you	will be	giving
he/she/it	will be	giving
we	will be	giving
you	will be	giving
they	will be	giving

Future II

I	will have	given
you	will have	given
he/she/it	will have	given
we	will have	given
you	will have	given
they	will have	given

Future II Continuous

I	will have been	giving
you	will have been	giving
he/she/it	will have been	giving
we	will have been	giving
you	will have been	giving
they	will have been	giving

Imperative

give

Gerund

giving

Past Participle

given

Conditional

Conditional II

I	would	give
you	would	give
he/she/it	would	give
we	would	give
you	would	give
they	would	give

Conditional Past

I	would have	given
you	would have	given
he/she/it	would have	given
we	would have	given
you	would have	given
they	would have	given

give *geben*

Beispiele und Wendungen

Can you give me your telephone number?
Kannst du mir deine Telefonnummer geben?

He gave her a book on her birthday.
Er schenkte ihr ein Buch zum Geburtstag.

to give sb a present	*jmdm. etw. schenken*
to give sb a piece of advice	*jmdm. einen Rat geben*
He gave us information on …	*Er gab uns Informationen über …*
to give sb a call	*jmdn. anrufen*
to give sb a hand	*jmdm. helfen / behilflich sein*
Why don't you give it a try?	*Warum versuchst du es nicht einfach?*
to give a party	*eine Party geben*

Weitere Verben

give in – give up

He finally gave in to the pressure.	*Schließlich beugte er sich dem Druck.*
Did you give up smoking?	*Hast du aufgehört zu rauchen?*

Tipp

Erweitern Sie schnell und einfach Ihren Wortschatz: einige Verben kann man durch eine Konstruktion aus dem Verb give und einem **Substantiv** mit dem unbestimmten Artikel ersetzen:

She *smiled* at me.	→ She gave me a smile.
He *pushed* her.	→ He gave her a push.

Man findet diese Konstruktion vor allem bei Verben, die ein vom Menschen erzeugtes *Geräusch*, eine *Geste*, eine *Mimik* oder eine *Bewegung* ausdrücken.

Eigene Notizen:

go – went – gone *gehen*

+ -*es* in 3. Person Singular

Simple

Present Simple

I	go
you	go
he/she/it	goes
we	go
you	go
they	go

Past Simple

I	went
you	went
he/she/it	went
we	went
you	went
they	went

Present Perfect

I	have	gone
you	have	gone
he/she/it	has	gone
we	have	gone
you	have	gone
they	have	gone

Past Perfect

I	had	gone
you	had	gone
he/she/it	had	gone
we	had	gone
you	had	gone
they	had	gone

Continuous

Present Continuous

I	am	going
you	are	going
he/she/it	is	going
we	are	going
you	are	going
they	are	going

Past Continuous

I	was	going
you	were	going
he/she/it	was	going
we	were	going
you	were	going
they	were	going

Present Perfect Continuous

I	have been	going
you	have been	going
he/she/it	has been	going
we	have been	going
you	have been	going
they	have been	going

Past Perfect Continuous

I	had been	going
you	had been	going
he/she/it	had been	going
we	had been	going
you	had been	going
they	had been	going

Future

Future I

I	will	go
you	will	go
he/she/it	will	go
we	will	go
you	will	go
they	will	go

Future I Continuous

I	will be	going
you	will be	going
he/she/it	will be	going
we	will be	going
you	will be	going
they	will be	going

Future II

I	will have	gone
you	will have	gone
he/she/it	will have	gone
we	will have	gone
you	will have	gone
they	will have	gone

Future II Continuous

I	will have been	going
you	will have been	going
he/she/it	will have been	going
we	will have been	going
you	will have been	going
they	will have been	going

Imperative

go

Gerund

going

Past Participle

gone

Conditional

Conditional II

I	would	go
you	would	go
he/she/it	would	go
we	would	go
you	would	go
they	would	go

Conditional Past

I	would have	gone
you	would have	gone
he/she/it	would have	gone
we	would have	gone
you	would have	gone
they	would have	gone

go *gehen*

Beispiele und Wendungen

Where did she go?
Wo ist sie hingegangen?

to go home / to the cinema	*nach Hause / ins Kino gehen*
to go swimming / shopping / …	*schwimmen / einkaufen / … gehen*
to go by train	*mit dem Zug fahren*
to go to bed / school	*ins Bett / in die Schule gehen*
The milk has gone bad.	*Die Milch ist schlecht geworden.*
There you go!	*Bitte sehr! / Sag ich's doch!*

Weitere Verben

go for – go on – go out

to go for a walk	*spazieren gehen*
Why don't you go on with your work?	*Warum arbeiten Sie nicht weiter?*
Shall we go out tonight?	*Sollen wir heute Abend ausgehen?*

Besonderheiten

Das Verb go wird auch zur Bildung der Zukunft mit **going to** verwendet (mehr dazu auf Seite 19):

We <u>are going to</u> book our flight early.	*Wir werden unseren Flug früh buchen.*

Tipp

Das **Past Participle** gone wird nach **be** oft wie ein Adjektiv verwendet, um zu sagen, dass jemand oder etwas nicht mehr da oder verschwunden ist:

He is <u>gone</u>.	*Er ist verschwunden.*
The butter is <u>gone</u>.	*Die Butter ist alle.*

Eigene Notizen:

Unregelmäßiges Verb
Voll- und Hilfsverb

have – had – had *haben*

+ *-ing* → *e̸*

Simple

Present Simple

I	have
you	have
he/she/it	has
we	have
you	have
they	have

Past Simple

I	had
you	had
he/she/it	had
we	had
you	had
they	had

Present Perfect

I	have	had
you	have	had
he/she/it	has	had
we	have	had
you	have	had
they	have	had

Past Perfect

I	had	had
you	had	had
he/she/it	had	had
we	had	had
you	had	had
they	had	had

Continuous

Present Continuous

I	am	having
you	are	having
he/she/it	is	having
we	are	having
you	are	having
they	are	having

Past Continuous

I	was	having
you	were	having
he/she/it	was	having
we	were	having
you	were	having
they	were	having

Present Perfect Continuous

I	have been	having
you	have been	having
he/she/it	has been	having
we	have been	having
you	have been	having
they	have been	having

Past Perfect Continuous

I	had been	having
you	had been	having
he/she/it	had been	having
we	had been	having
you	had been	having
they	had been	having

Future

Future I

I	will	have
you	will	have
he/she/it	will	have
we	will	have
you	will	have
they	will	have

Future I Continuous

I	will be	having
you	will be	having
he/she/it	will be	having
we	will be	having
you	will be	having
they	will be	having

Future II

I	will have	had
you	will have	had
he/she/it	will have	had
we	will have	had
you	will have	had
they	will have	had

Future II Continuous

I	will have been	having
you	will have been	having
he/she/it	will have been	having
we	will have been	having
you	will have been	having
they	will have been	having

Imperative

have

Gerund

having

Past Participle

had

Conditional

Conditional II

I	would have
you	would have
he/she/it	would have
we	would have
you	would have
they	would have

Conditional Past

I	would have	had
you	would have	had
he/she/it	would have	had
we	would have	had
you	would have	had
they	would have	had

have *haben*

Beispiele und Wendungen

The Smiths have three daughters.
Die Smiths haben drei Töchter.

She has never been to Scotland before.
Sie war noch nie zuvor in Schottland.

to have an idea	*eine Idee haben*
to have (got) to do sth	*etwas tun müssen*
to have an accident	*einen Unfall haben*
Have you got the time?	*Wissen Sie, wie spät es ist?*
to have a shower	*duschen*
to have problems with sth	*Probleme mit etw. haben*
Have a try!	*Versuchen Sie es!*
to have a child	*ein Kind bekommen*
Have a great time!	*Viel Spaß!*
Lisa has her hair cut regularly.	*Lisa lässt sich regelmäßig die Haare schneiden.*

Besonderheiten

have kann sowohl als Hilfsverb als auch als Vollverb verwendet werden:

He has taken my advice. (Hilfsverb)
He has two children. (Vollverb)

Besonders im **Present Simple** findet man in der Umgangssprache auch oft die Konstruktion **have got**, die ebenfalls *haben* oder *besitzen* bedeutet:

He has got two children. *Er hat zwei Kinder.*

Eine Besonderheit von have ist die Konstruktion **had better** bei Ratschlägen für die nahe Zukunft. **Had better** ist stärker als *should* oder *ought to*:

You'd better go now. *Du solltest jetzt besser gehen.*

Eigene Notizen:

hear – heard – heard *hören*

Simple

Present Simple

I	hear
you	hear
he/she/it	hears
we	hear
you	hear
they	hear

Past Simple

I	heard
you	heard
he/she/it	heard
we	heard
you	heard
they	heard

Present Perfect

I	have	heard
you	have	heard
he/she/it	has	heard
we	have	heard
you	have	heard
they	have	heard

Past Perfect

I	had	heard
you	had	heard
he/she/it	had	heard
we	had	heard
you	had	heard
they	had	heard

Continuous

Present Continuous

I	am	hearing
you	are	hearing
he/she/it	is	hearing
we	are	hearing
you	are	hearing
they	are	hearing

Past Continuous

I	was	hearing
you	were	hearing
he/she/it	was	hearing
we	were	hearing
you	were	hearing
they	were	hearing

Present Perfect Continuous

I	have been	hearing
you	have been	hearing
he/she/it	has been	hearing
we	have been	hearing
you	have been	hearing
they	have been	hearing

Past Perfect Continuous

I	had been	hearing
you	had been	hearing
he/she/it	had been	hearing
we	had been	hearing
you	had been	hearing
they	had been	hearing

Future

Future I

I	will	hear
you	will	hear
he/she/it	will	hear
we	will	hear
you	will	hear
they	will	hear

Future I Continuous

I	will be	hearing
you	will be	hearing
he/she/it	will be	hearing
we	will be	hearing
you	will be	hearing
they	will be	hearing

Future II

I	will have	heard
you	will have	heard
he/she/it	will have	heard
we	will have	heard
you	will have	heard
they	will have	heard

Future II Continuous

I	will have been	hearing
you	will have been	hearing
he/she/it	will have been	hearing
we	will have been	hearing
you	will have been	hearing
they	will have been	hearing

Imperative

hear

Gerund

hearing

Past Participle

heard

Conditional

Conditional II

I	would	hear
you	would	hear
he/she/it	would	hear
we	would	hear
you	would	hear
they	would	hear

Conditional Past

I	would have	heard
you	would have	heard
he/she/it	would have	heard
we	would have	heard
you	would have	heard
they	would have	heard

hear *hören*

Beispiele und Wendungen

Did you hear that?
Hast du das gehört?

I've never heard anything like this before!
So etwas habe ich ja noch nie gehört!

to hear a noise	*ein Geräusch hören*
to hear very well	*sehr gut hören können*
Have you heard about ... ?	*Hast du schon gehört, dass ... ?*
I heard him leave the house.	*Ich hörte, wie er das Haus verließ.*
She was glad to hear that ...	*Es freute sie zu hören, dass ...*
to make oneself heard	*sich Gehör verschaffen*
I'd like to hear your opinion.	*Ich würde gerne deine Meinung hören.*
He has never heard of her before.	*Er hat noch nie von ihr gehört.*

Weitere Verben

hear from

I look forward to hearing from you.	*Ich hoffe, bald von Ihnen zu hören.*

Besonderheiten

Beachten Sie, dass hear zu den Verben gehört, die normalerweise nicht in der Verlaufsform benutzt werden. Mehr dazu lesen Sie auf Seite 13.

Hear *(hören)* wird oft mit **listen** *(zuhören)* verwechselt. Beachten Sie die unterschiedlichen Bedeutungen: hear wird benutzt, wenn man etwas über das Gehör wahrnimmt und **listen** verwendet man für bewusstes Zuhören:

Did you hear that noise?	*Hast du das Geräusch gehört?*
Did you listen to that song?	*Hast du dir dieses Lied angehört?*

Eigene Notizen:

help *helfen*

Simple

Present Simple

I	help
you	help
he/she/it	helps
we	help
you	help
they	help

Past Simple

I	helped
you	helped
he/she/it	helped
we	helped
you	helped
they	helped

Present Perfect

I	have	helped
you	have	helped
he/she/it	has	helped
we	have	helped
you	have	helped
they	have	helped

Past Perfect

I	had	helped
you	had	helped
he/she/it	had	helped
we	had	helped
you	had	helped
they	had	helped

Continuous

Present Continuous

I	am	helping
you	are	helping
he/she/it	is	helping
we	are	helping
you	are	helping
they	are	helping

Past Continuous

I	was	helping
you	were	helping
he/she/it	was	helping
we	were	helping
you	were	helping
they	were	helping

Present Perfect Continuous

I	have been	helping
you	have been	helping
he/she/it	has been	helping
we	have been	helping
you	have been	helping
they	have been	helping

Past Perfect Continuous

I	had been	helping
you	had been	helping
he/she/it	had been	helping
we	had been	helping
you	had been	helping
they	had been	helping

Future

Future I

I	will	help
you	will	help
he/she/it	will	help
we	will	help
you	will	help
they	will	help

Future I Continuous

I	will be	helping
you	will be	helping
he/she/it	will be	helping
we	will be	helping
you	will be	helping
they	will be	helping

Future II

I	will have	helped
you	will have	helped
he/she/it	will have	helped
we	will have	helped
you	will have	helped
they	will have	helped

Future II Continuous

I	will have been	helping
you	will have been	helping
he/she/it	will have been	helping
we	will have been	helping
you	will have been	helping
they	will have been	helping

Imperative

help

Gerund

helping

Past Participle

helped

Conditional

Conditional II

I	would	help
you	would	help
he/she/it	would	help
we	would	help
you	would	help
they	would	help

Conditional Past

I	would have	helped
you	would have	helped
he/she/it	would have	helped
we	would have	helped
you	would have	helped
they	would have	helped

help *helfen*

Beispiele und Wendungen

Can you help me?
Können Sie mir helfen?

John helped her carry her luggage upstairs.
John half ihr dabei, ihr Gepäck nach oben zu tragen.

to help sb (to) do sth	*jmdm. dabei helfen, etw. zu tun*
Help me!	*Hilfe!*
How can I help you?	*Was kann ich für Sie tun?*
to help sb with sth	*jmdm. bei etw. helfen*
She helped the old lady across the street.	*Sie half der alten Dame über die Straße.*
Some sleep would help me.	*Ein bisschen Schlaf täte mir gut.*
I can't help it!	*Ich kann nicht anders!*
Please help yourself!	*Bitte bedienen Sie sich!*

Besonderheiten

Das Verb help wird oft von einem Objekt (z. B. einer Person) und einem Verb im Infinitiv gefolgt. Dabei kann man das Wörtchen **to** auch weglassen:

I helped her (to) find her parents. — *Ich half ihr dabei, ihre Eltern zu finden.*

Beachten Sie aber, dass die Konstruktion **can't / couldn't help** immer von einem Verb in der **-ing** Form gefolgt wird:

I couldn't help laughing. — *Ich musste einfach lachen.*

Tipp

Es ist immer sinnvoll, vollständige Konstruktionen wie **to** help **sb (to) do sth** oder **can't / couldn't** help **doing sth** zu lernen. So können Sie sich bestimmte grammatikalische Strukturen besser merken!

Eigene Notizen:

hit – hit – hit *schlagen*

Konsonantenverdopplung

Simple

Present Simple

I	hit
you	hit
he/she/it	hits
we	hit
you	hit
they	hit

Past Simple

I	hit
you	hit
he/she/it	hit
we	hit
you	hit
they	hit

Present Perfect

I	have	hit
you	have	hit
he/she/it	has	hit
we	have	hit
you	have	hit
they	have	hit

Past Perfect

I	had	hit
you	had	hit
he/she/it	had	hit
we	had	hit
you	had	hit
they	had	hit

Continuous

Present Continuous

I	am	hitting
you	are	hitting
he/she/it	is	hitting
we	are	hitting
you	are	hitting
they	are	hitting

Past Continuous

I	was	hitting
you	were	hitting
he/she/it	was	hitting
we	were	hitting
you	were	hitting
they	were	hitting

Present Perfect Continuous

I	have been	hitting
you	have been	hitting
he/she/it	has been	hitting
we	have been	hitting
you	have been	hitting
they	have been	hitting

Past Perfect Continuous

I	had been	hitting
you	had been	hitting
he/she/it	had been	hitting
we	had been	hitting
you	had been	hitting
they	had been	hitting

Future

Future I

I	will	hit
you	will	hit
he/she/it	will	hit
we	will	hit
you	will	hit
they	will	hit

Future I Continuous

I	will be	hitting
you	will be	hitting
he/she/it	will be	hitting
we	will be	hitting
you	will be	hitting
they	will be	hitting

Future II

I	will have	hit
you	will have	hit
he/she/it	will have	hit
we	will have	hit
you	will have	hit
they	will have	hit

Future II Continuous

I	will have been	hitting
you	will have been	hitting
he/she/it	will have been	hitting
we	will have been	hitting
you	will have been	hitting
they	will have been	hitting

Imperative
hit

Gerund
hitting

Past Participle
hit

Conditional

Conditional II

I	would	hit
you	would	hit
he/she/it	would	hit
we	would	hit
you	would	hit
they	would	hit

Conditional Past

I	would have	hit
you	would have	hit
he/she/it	would have	hit
we	would have	hit
you	would have	hit
they	would have	hit

hit *schlagen*

Beispiele und Wendungen

She hit him in the stomach.
Sie schlug ihm in den Magen.

Our house was hit by lightning last night.
Gestern Abend schlug der Blitz in unser Haus ein.

to hit sb with sth	*jmdn. mit etw. schlagen*
to hit sb a blow	*jmdm. einen Schlag versetzen*
to hit a button	*einen Knopf drücken*
to hit a tree	*gegen einen Baum krachen*
I've been hit!	*Mich hat's erwischt!*
to hit the road	*sich auf den Weg machen*
to hit the headlines	*in die Schlagzeilen kommen*
Let's hit the dancefloor!	*Lass uns tanzen!*

Besonderheiten

Achten Sie auf den Unterschied zwischen hit, **punch** und **slap**: Alle drei Verben bedeuten *schlagen*, allerdings verwendet man hit eher bei Schlägen mit einem Gegenstand, **punch** bei Faustschlägen und **slap** wird für Schläge mit der flachen Hand benutzt.

Tipp

Bei einer Reihe von Verben sind – wie bei hit – alle drei Grundformen gleich. Hier ein paar Beispiele:

bet bet bet *(wetten)*
cut cut cut *(schneiden)*

Weitere solche Verben sind z. B. **bid**, **burst**, **cost**, **hurt**, **let**, **put**, **quit**, **set**, **shut**, **slit**, **split** und **spread**.

Eigene Notizen:

hurt – hurt – hurt *wehtun*

Simple

Present Simple

I	hurt
you	hurt
he/she/it	hurts
we	hurt
you	hurt
they	hurt

Past Simple

I	hurt
you	hurt
he/she/it	hurt
we	hurt
you	hurt
they	hurt

Present Perfect

I	have	hurt
you	have	hurt
he/she/it	has	hurt
we	have	hurt
you	have	hurt
they	have	hurt

Past Perfect

I	had	hurt
you	had	hurt
he/she/it	had	hurt
we	had	hurt
you	had	hurt
they	had	hurt

Continuous

Present Continuous

I	am	hurting
you	are	hurting
he/she/it	is	hurting
we	are	hurting
you	are	hurting
they	are	hurting

Past Continuous

I	was	hurting
you	were	hurting
he/she/it	was	hurting
we	were	hurting
you	were	hurting
they	were	hurting

Present Perfect Continuous

I	have been	hurting
you	have been	hurting
he/she/it	has been	hurting
we	have been	hurting
you	have been	hurting
they	have been	hurting

Past Perfect Continuous

I	had been	hurting
you	had been	hurting
he/she/it	had been	hurting
we	had been	hurting
you	had been	hurting
they	had been	hurting

Future

Future I

I	will	hurt
you	will	hurt
he/she/it	will	hurt
we	will	hurt
you	will	hurt
they	will	hurt

Future I Continuous

I	will be	hurting
you	will be	hurting
he/she/it	will be	hurting
we	will be	hurting
you	will be	hurting
they	will be	hurting

Future II

I	will have	hurt
you	will have	hurt
he/she/it	will have	hurt
we	will have	hurt
you	will have	hurt
they	will have	hurt

Future II Continuous

I	will have been	hurting
you	will have been	hurting
he/she/it	will have been	hurting
we	will have been	hurting
you	will have been	hurting
they	will have been	hurting

Imperative
hurt

Gerund
hurting

Past Participle
hurt

Conditional

Conditional II

I	would	hurt
you	would	hurt
he/she/it	would	hurt
we	would	hurt
you	would	hurt
they	would	hurt

Conditional Past

I	would have	hurt
you	would have	hurt
he/she/it	would have	hurt
we	would have	hurt
you	would have	hurt
they	would have	hurt

hurt *wehtun*

Beispiele und Wendungen

That hurts!
Das tut weh!

to hurt one's arm / leg	*sich am Arm / Bein verletzen*
My ear hurts!	*Mir tut mein Ohr weh!*
to hurt sb	*jmdm. wehtun / jmdn. verletzen*
Was anybody hurt?	*Hat sich jemand verletzt?*
to hurt oneself	*sich verletzen*
to hurt sb's feelings / pride	*jmds. Gefühle / Stolz verletzen*
It wouldn't hurt you if …	*Es würde dir nicht schaden, wenn …*

Besonderheiten

Das Verb **harm** hat ebenfalls die Bedeutung *schaden* und kann in diesem Zusammenhang als Synonym für hurt verwendet werden:

It won't hurt / harm you to do the washing-up.
Es wird dir nichts schaden, wenn du den Abwasch machst.

Beachten Sie jedoch, dass in der Bedeutung *sich verletzen* nur hurt richtig ist:
I hurt / ~~harmed~~ my leg! *Ich habe mich am Bein verletzt!*

Tipp

Genauso wie bei hurt sind auch bei einer Reihe von weiteren Verben alle drei Grundformen gleich, z. B. bei **bet**, **bid**, **burst**, **cost**, **cut**, **hit**, **let**, **put**, **quit**, **set**, **shut**, **slit**, **split** und **spread**.

Wenn Sie zu den Menschen gehören, die gut durch Hören lernen können, dann hören Sie sich selbst zu! Nehmen Sie sich beim Sprechen der Verbkonjugationen und Wendungen auf – zum Beispiel mit einem Diktiergerät oder am PC – und hören Sie sich immer wieder an.

Eigene Notizen:

invite *einladen*

+ *-ing* → ~~e~~ / + *-d* nicht *-ed*

Simple

Present Simple

I	invite
you	invite
he/she/it	invites
we	invite
you	invite
they	invite

Past Simple

I	invited
you	invited
he/she/it	invited
we	invited
you	invited
they	invited

Present Perfect

I	have	invited
you	have	invited
he/she/it	has	invited
we	have	invited
you	have	invited
they	have	invited

Past Perfect

I	had	invited
you	had	invited
he/she/it	had	invited
we	had	invited
you	had	invited
they	had	invited

Continuous

Present Continuous

I	am	inviting
you	are	inviting
he/she/it	is	inviting
we	are	inviting
you	are	inviting
they	are	inviting

Past Continuous

I	was	inviting
you	were	inviting
he/she/it	was	inviting
we	were	inviting
you	were	inviting
they	were	inviting

Present Perfect Continuous

I	have	been	inviting
you	have	been	inviting
he/she/it	has	been	inviting
we	have	been	inviting
you	have	been	inviting
they	have	been	inviting

Past Perfect Continuous

I	had	been	inviting
you	had	been	inviting
he/she/it	had	been	inviting
we	had	been	inviting
you	had	been	inviting
they	had	been	inviting

Future

Future I

I	will	invite
you	will	invite
he/she/it	will	invite
we	will	invite
you	will	invite
they	will	invite

Future I Continuous

I	will be	inviting
you	will be	inviting
he/she/it	will be	inviting
we	will be	inviting
you	will be	inviting
they	will be	inviting

Future II

I	will have	invited
you	will have	invited
he/she/it	will have	invited
we	will have	invited
you	will have	invited
they	will have	invited

Future II Continuous

I	will have been	inviting
you	will have been	inviting
he/she/it	will have been	inviting
we	will have been	inviting
you	will have been	inviting
they	will have been	inviting

Imperative

invite

Gerund

inviting

Past Participle

invited

Conditional

Conditional II

I	would	invite
you	would	invite
he/she/it	would	invite
we	would	invite
you	would	invite
they	would	invite

Conditional Past

I	would have	invited
you	would have	invited
he/she/it	would have	invited
we	would have	invited
you	would have	invited
they	would have	invited

invite *einladen*

Beispiele und Wendungen

May I invite you to dinner?
Darf ich Sie zum Essen einladen?

David invited Rebecca to come to Paris with him.
David lud Rebecca ein, mit ihm nach Paris zu kommen.

to invite sb to a party	*jmdn. zu einer Party einladen*
to invite sb for a drink	*jmdn. zu einem Getränk einladen*
to invite sb to do sth	*jmdn. einladen / auffordern / bitten etw. zu tun*
to be invited to sth	*zu etw. eingeladen werden*
to invite trouble	*Unannehmlichkeiten herausfordern*

Weitere Verben

invite in – invite out

to invite sb in	*jmdn. hereinbitten*
He invited her out for a meal.	*Er lud sie in ein Restaurant ein.*

Besonderheiten

Das Verb invite wird sehr unterschiedlich verwendet, zum Beispiel mit einer Person und einem Verb **(to invite sb to do sth)** oder mit einer Person und einem weiteren Objekt **(to invite sb to / for sth)**. Man findet auch Konstruktionen, in denen *nur ein* Objekt vorhanden ist **(to invite sth)**. Wendungen im Passiv **(to be invited to sth)** sind darüber hinaus auch sehr häufig.

He invited her to go shopping.	(Person + Verb)
Paul invited me for a drink.	(Person + Objekt)
He always invites trouble.	(nur Objekt)
Were you invited to Mary's party?	(Passiv)

Eigene Notizen:

know – knew – known *wissen / kennen*

Know hat keine Verlaufsform.

Simple

Present Simple

I	know
you	know
he/she/it	knows
we	know
you	know
they	know

Past Simple

I	knew
you	knew
he/she/it	knew
we	knew
you	knew
they	knew

Present Perfect

I	have	known
you	have	known
he/she/it	has	known
we	have	known
you	have	known
they	have	known

Past Perfect

I	had	known
you	had	known
he/she/it	had	known
we	had	known
you	had	known
they	had	known

Continuous

Present Continuous

—

Past Continuous

—

Present Perfect Continuous

—

Past Perfect Continuous

—

Future

Future I

I	will	know
you	will	know
he/she/it	will	know
we	will	know
you	will	know
they	will	know

Future I Continuous

—

Future II

I	will have	known
you	will have	known
he/she/it	will have	known
we	will have	known
you	will have	known
they	will have	known

Future II Continuous

—

Imperative
know

Gerund
knowing

Past Participle
known

Conditional

Conditional II

I	would	know
you	would	know
he/she/it	would	know
we	would	know
you	would	know
they	would	know

Conditional Past

I	would have	known
you	would have	known
he/she/it	would have	known
we	would have	known
you	would have	known
they	would have	known

know *wissen / kennen*

Beispiele und Wendungen

Steve knows a lot about computers.
Steve weiß sehr viel über Computer.

to know sth about ...	*etw. über ... wissen*
to know sb well	*jmdn. gut kennen*
to get to know sb	*jmdn. kennen lernen*
to know English / French	*Englisch / Französisch können*
to know sth by heart	*etw. auswendig können / wissen*
Just let me know!	*Lass es mich einfach wissen!*
It is known that ...	*Es ist bekannt, dass ...*
Who knows?	*Wer weiß?*

Besonderheiten

Know gehört zu den Verben, die normalerweise nicht in der Verlaufsform benutzt werden. Mehr dazu lesen Sie auf Seite 13.

Achten Sie darauf, dass know nicht direkt von einem Verb im Infinitiv gefolgt werden kann. Stattdessen verwendet man die Konstruktion **know how to**:

*I ~~know to drive~~ a car.
→ I know how to drive a car. *Ich kann Auto fahren.*

Beachten Sie bei know außerdem, dass man das **Present Perfect** benutzt, um auszudrücken, wie lange man etwas oder jemanden schon kennt. Dabei verwendet man auch oft Zeitangaben wie **for years** oder **for a long time**:

Justin and his girlfriend have known each other for years now.
Justin und seine Freundin kennen sich nun schon seit Jahren.

Tipp

Genauso wie know werden die Verben **blow** (blew – blown / *blasen*), **fly** (flew – flown / *fliegen*), **grow** (grew – grown / *wachsen*) und **throw** (threw – thrown / *werfen*) konjugiert.

Eigene Notizen:

learn – learnt – learnt *lernen*

Im AE ist das Partizip Perfekt *learned*.

Simple

Present Simple

I	learn
you	learn
he/she/it	learns
we	learn
you	learn
they	learn

Past Simple

I	learnt
you	learnt
he/she/it	learnt
we	learnt
you	learnt
they	learnt

Present Perfect

I	have	learnt
you	have	learnt
he/she/it	has	learnt
we	have	learnt
you	have	learnt
they	have	learnt

Past Perfect

I	had	learnt
you	had	learnt
he/she/it	had	learnt
we	had	learnt
you	had	learnt
they	had	learnt

Continuous

Present Continuous

I	am	learning
you	are	learning
he/she/it	is	learning
we	are	learning
you	are	learning
they	are	learning

Past Continuous

I	was	learning
you	were	learning
he/she/it	was	learning
we	were	learning
you	were	learning
they	were	learning

Present Perfect Continuous

I	have been	learning
you	have been	learning
he/she/it	has been	learning
we	have been	learning
you	have been	learning
they	have been	learning

Past Perfect Continuous

I	had been	learning
you	had been	learning
he/she/it	had been	learning
we	had been	learning
you	had been	learning
they	had been	learning

Future

Future I

I	will	learn
you	will	learn
he/she/it	will	learn
we	will	learn
you	will	learn
they	will	learn

Future I Continuous

I	will be	learning
you	will be	learning
he/she/it	will be	learning
we	will be	learning
you	will be	learning
they	will be	learning

Future II

I	will have	learnt
you	will have	learnt
he/she/it	will have	learnt
we	will have	learnt
you	will have	learnt
they	will have	learnt

Future II Continuous

I	will have been	learning
you	will have been	learning
he/she/it	will have been	learning
we	will have been	learning
you	will have been	learning
they	will have been	learning

Imperative
learn

Gerund
learning

Past Participle
learnt / learned

Conditional

Conditional II

I	would	learn
you	would	learn
he/she/it	would	learn
we	would	learn
you	would	learn
they	would	learn

Conditional Past

I	would have	learnt
you	would have	learnt
he/she/it	would have	learnt
we	would have	learnt
you	would have	learnt
they	would have	learnt

learn *lernen*

Beispiele und Wendungen

Did you learn English at school?
Haben Sie Englisch in der Schule gelernt?

to learn a language	*eine Sprache lernen*
to learn sth by heart	*etw. auswendig lernen*
to learn to swim / to drive a car	*schwimmen / Auto fahren lernen*
to learn of / about sth	*von etw. erfahren*
We learnt that …	*Wir erfuhren, dass …*
to learn one's lesson	*seine Lektion lernen*
to learn sth the hard way	*etw. auf die harte Tour lernen*
to learn by / from experience	*aus Erfahrung lernen*
to learn by / from one's mistakes	*aus seinen Fehlern lernen*
Some people never learn!	*Manche lernen es nie!*

Besonderheiten

Im Gegensatz zu **know** kann learn direkt von einem Verb im Infinitiv gefolgt werden. Die Konstruktion **learn how to** ist jedoch auch möglich:

I'd like to learn (how) to drive a car. *Ich würde gerne das Autofahren lernen.*

Tipp

Genauso wie learn werden die Verben **burn** (burnt – burnt / *verbrennen*), **deal** (dealt – dealt / *geben, austeilen*) und **dream** (dreamt – dreamt / *träumen*) konjugiert.

Lernen Sie die Verben **know** und learn zusammen, da beide zu einem gemeinsamen Wortfeld gehören. Bestimmt stoßen Sie auch noch auf weitere Verben aus dem Wortfeld *Wissen und Lernen*: Diese können Sie sich unten notieren! Wie wäre es z. B. mit **repeat** or **read**?

Eigene Notizen:

leave – left – left *verlassen*

+ *-ing* → *e̸*

Simple

Present Simple

I	leave
you	leave
he/she/it	leaves
we	leave
you	leave
they	leave

Past Simple

I	left
you	left
he/she/it	left
we	left
you	left
they	left

Present Perfect

I	have	left
you	have	left
he/she/it	has	left
we	have	left
you	have	left
they	have	left

Past Perfect

I	had	left
you	had	left
he/she/it	had	left
we	had	left
you	had	left
they	had	left

Continuous

Present Continuous

I	am	leaving
you	are	leaving
he/she/it	is	leaving
we	are	leaving
you	are	leaving
they	are	leaving

Past Continuous

I	was	leaving
you	were	leaving
he/she/it	was	leaving
we	were	leaving
you	were	leaving
they	were	leaving

Present Perfect Continuous

I	have been	leaving
you	have been	leaving
he/she/it	has been	leaving
we	have been	leaving
you	have been	leaving
they	have been	leaving

Past Perfect Continuous

I	had been	leaving
you	had been	leaving
he/she/it	had been	leaving
we	had been	leaving
you	had been	leaving
they	had been	leaving

Future

Future I

I	will	leave
you	will	leave
he/she/it	will	leave
we	will	leave
you	will	leave
they	will	leave

Future I Continuous

I	will be	leaving
you	will be	leaving
he/she/it	will be	leaving
we	will be	leaving
you	will be	leaving
they	will be	leaving

Future II

I	will have	left
you	will have	left
he/she/it	will have	left
we	will have	left
you	will have	left
they	will have	left

Future II Continuous

I	will have been	leaving
you	will have been	leaving
he/she/it	will have been	leaving
we	will have been	leaving
you	will have been	leaving
they	will have been	leaving

Imperative

leave

Gerund

leaving

Past Participle

left

Conditional

Conditional II

I	would	leave
you	would	leave
he/she/it	would	leave
we	would	leave
you	would	leave
they	would	leave

Conditional Past

I	would have	left
you	would have	left
he/she/it	would have	left
we	would have	left
you	would have	left
they	would have	left

leave *verlassen*

Beispiele und Wendungen

She left her husband last summer.
Sie hat ihren Ehemann letzten Sommer verlassen.

Our train to Norwich leaves at eight o'clock from platform 5.
Unser Zug nach Norwich fährt um 8.00 Uhr von Gleis 5 ab.

to leave sb / a building	*jmdn. / ein Gebäude verlassen*
to leave school	*die Schule beenden*
Where did I leave my keys?	*Wo habe ich nur meine Schlüssel gelassen?*
to leave a message for sb	*jmdm. eine Nachricht hinterlassen*
Leave me alone!	*Lass mich in Ruhe!*
to leave a door open	*eine Tür offen lassen*
Let's leave it at that!	*Lassen wir es dabei bewenden!*

Weitere Verben

leave behind

to leave sb / sth behind	*jmdn. / etw. zurücklassen*

Besonderheiten

Die Form left besitzt in bestimmten Konstruktionen eine besondere Bedeutung und wird häufig mit *übrig* übersetzt:

Have you got any money left?	*Haben Sie etwas Geld übrig?*

Tipp

Den Unterschied zwischen den Verben leave und **forget** können Sie unter **forget** (Verb Nr. 34) nachschlagen!

Eigene Notizen:

lend – lent – lent *(aus)leihen*

Simple

Present Simple

I	lend
you	lend
he/she/it	lends
we	lend
you	lend
they	lend

Past Simple

I	lent
you	lent
he/she/it	lent
we	lent
you	lent
they	lent

Present Perfect

I	have	lent
you	have	lent
he/she/it	has	lent
we	have	lent
you	have	lent
they	have	lent

Past Perfect

I	had	lent
you	had	lent
he/she/it	had	lent
we	had	lent
you	had	lent
they	had	lent

Continuous

Present Continuous

I	am	lending
you	are	lending
he/she/it	is	lending
we	are	lending
you	are	lending
they	are	lending

Past Continuous

I	was	lending
you	were	lending
he/she/it	was	lending
we	were	lending
you	were	lending
they	were	lending

Present Perfect Continuous

I	have been	lending
you	have been	lending
he/she/it	has been	lending
we	have been	lending
you	have been	lending
they	have been	lending

Past Perfect Continuous

I	had been	lending
you	had been	lending
he/she/it	had been	lending
we	had been	lending
you	had been	lending
they	had been	lending

Future

Future I

I	will	lend
you	will	lend
he/she/it	will	lend
we	will	lend
you	will	lend
they	will	lend

Future I Continuous

I	will be	lending
you	will be	lending
he/she/it	will be	lending
we	will be	lending
you	will be	lending
they	will be	lending

Future II

I	will have	lent
you	will have	lent
he/she/it	will have	lent
we	will have	lent
you	will have	lent
they	will have	lent

Future II Continuous

I	will have been	lending
you	will have been	lending
he/she/it	will have been	lending
we	will have been	lending
you	will have been	lending
they	will have been	lending

Imperative

lend

Gerund

lending

Past Participle

lent

Conditional

Conditional II

I	would	lend
you	would	lend
he/she/it	would	lend
we	would	lend
you	would	lend
they	would	lend

Conditional Past

I	would have	lent
you	would have	lent
he/she/it	would have	lent
we	would have	lent
you	would have	lent
they	would have	lent

lend *(aus)leihen*

Beispiele und Wendungen

Could you lend me your car?
Könntest du mir dein Auto leihen?

I lent the money to Paul, but he didn't pay it back!
Ich lieh Paul das Geld, aber er zahlte es nicht zurück!

to lend sb money	*jmdm. Geld leihen*
to lend sth to sb	*jmdm. etw. leihen*
Could you lend me a hand with this?	*Kannst Du mir dabei helfen?*
to lend an ear to sb	*jmdm. zuhören*
to lend support to sth	*eine Sache unterstützen*
to lend weight to an argument	*einem Argument Gewicht verleihen*
to lend itself to sth	*sich für etw. eignen*

Besonderheiten

Beachten Sie den Unterschied zwischen lend und dem Verb **borrow**: Wenn man jemandem etwas leiht, benutzt man lend. Leiht man sich jedoch etwas *von* jemandem, verwendet man **borrow**.

George lent his car to Lisa.	*George lieh Lisa sein Auto.*
Lisa borrowed the car from George.	*Lisa hat das Auto von George geliehen.*

Tipp

Genauso wie lend werden die Verben **bend** (bent – bent / *beugen, verbiegen*), **build** (built – built / *bauen*), **send** (sent – sent / *schicken*) und **spend** (spent – spent / *ausgeben, verbringen*) konjugiert.

Suchen Sie sich Beispiele für die Grammatikregeln, die Sie gerade gelernt haben, und machen Sie sich einen Spickzettel. Hängen Sie diese Zettel am besten eine Weile dort auf, wo Sie sie öfter sehen können.

Eigene Notizen:

lie – lay – lain *liegen*

SIMPLE

Present Simple

I	lie
you	lie
he/she/it	lies
we	lie
you	lie
they	lie

Past Simple

I	lay
you	lay
he/she/it	lay
we	lay
you	lay
they	lay

Present Perfect

I	have	lain
you	have	lain
he/she/it	has	lain
we	have	lain
you	have	lain
they	have	lain

Past Perfect

I	had	lain
you	had	lain
he/she/it	had	lain
we	had	lain
you	had	lain
they	had	lain

CONTINUOUS

Present Continuous

I	am	lying
you	are	lying
he/she/it	is	lying
we	are	lying
you	are	lying
they	are	lying

Past Continuous

I	was	lying
you	were	lying
he/she/it	was	lying
we	were	lying
you	were	lying
they	were	lying

Present Perfect Continuous

I	have been	lying
you	have been	lying
he/she/it	has been	lying
we	have been	lying
you	have been	lying
they	have been	lying

Past Perfect Continuous

I	had been	lying
you	had been	lying
he/she/it	had been	lying
we	had been	lying
you	had been	lying
they	had been	lying

FUTURE

Future I

I	will	lie
you	will	lie
he/she/it	will	lie
we	will	lie
you	will	lie
they	will	lie

Future I Continuous

I	will be	lying
you	will be	lying
he/she/it	will be	lying
we	will be	lying
you	will be	lying
they	will be	lying

Future II

I	will have	lain
you	will have	lain
he/she/it	will have	lain
we	will have	lain
you	will have	lain
they	will have	lain

Future II Continuous

I	will have been	lying
you	will have been	lying
he/she/it	will have been	lying
we	will have been	lying
you	will have been	lying
they	will have been	lying

IMPERATIVE

lie

GERUND

lying

PAST PARTICIPLE

lain

CONDITIONAL

Conditional II

I	would	lie
you	would	lie
he/she/it	would	lie
we	would	lie
you	would	lie
they	would	lie

Conditional Past

I	would have	lain
you	would have	lain
he/she/it	would have	lain
we	would have	lain
you	would have	lain
they	would have	lain

lie *liegen*

Beispiele und Wendungen

She lay in bed the whole day.
Sie lag den ganzen Tag im Bett.

to lie on the ground / floor	*auf dem Boden / Fußboden liegen*
to lie awake	*wach liegen*
to lie on one's back	*auf dem Rücken liegen*
to lie in second place	*auf dem zweiten Platz liegen*
Where does the problem lie?	*Wo liegt das Problem?*
Madrid lies in Spain.	*Madrid liegt in Spanien.*

Weitere Verben

lie down

to lie down on the sofa	*sich auf das Sofa legen*

Besonderheiten

Achtung: Die Formen der Verben lie (*liegen*), **lie** (*lügen*) und **lay** (*legen*) werden oft miteinander verwechselt:

liegen:	**lie** – lay – lain	(-ing Form: lying)	– unregelmäßiges Verb
lügen:	**lie** – lied – lied	(-ing Form: lying)	– regelmäßiges Verb
legen:	**lay** – laid – laid	(-ing Form: laying)	– unregelmäßiges Verb

Tipp

Wenn Sie musikalisch sind, hilft es Ihnen vielleicht, wenn Sie kleine Melodien erfinden und sich die Konjugationsmuster oder die Formen mit den Stammvokalwechseln vorsingen. Experimentieren Sie mit Tonhöhe und Rhythmus, oder probieren Sie einen Rap – so prägen Sie sich vor allem häufige Muster gut ein.

Eigene Notizen:

like *mögen*

Like hat keine Verlaufsform.

Simple

Present Simple

I	like
you	like
he/she/it	likes
we	like
you	like
they	like

Past Simple

I	liked
you	liked
he/she/it	liked
we	liked
you	liked
they	liked

Present Perfect

I	have	liked
you	have	liked
he/she/it	has	liked
we	have	liked
you	have	liked
they	have	liked

Past Perfect

I	had	liked
you	had	liked
he/she/it	had	liked
we	had	liked
you	had	liked
they	had	liked

Continuous

Present Continuous

—

Past Continuous

—

Present Perfect Continuous

—

Past Perfect Continuous

—

Future

Future I

I	will	like
you	will	like
he/she/it	will	like
we	will	like
you	will	like
they	will	like

Future I Continuous

—

Future II

I	will have	liked
you	will have	liked
he/she/it	will have	liked
we	will have	liked
you	will have	liked
they	will have	liked

Future II Continuous

—

Imperative

like

Gerund

liking

Past Participle

liked

Conditional

Conditional II

I	would	like
you	would	like
he/she/it	would	like
we	would	like
you	would	like
they	would	like

Conditional Past

I	would have	liked
you	would have	liked
he/she/it	would have	liked
we	would have	liked
you	would have	liked
they	would have	liked

like *mögen*

Beispiele und Wendungen

Do you like chocolate?
Magst du Schokolade?

I would like to book a room in your hotel.
Ich würde gerne ein Zimmer in Ihrem Hotel buchen.

to like sb	*jmdn. mögen*
to like tea / chocolate / …	*Tee / Schokolade / … mögen*
I like it when …	*Ich mag es, wenn …*
to like swimming / to swim	*gern schwimmen*
How do you like London?	*Wie gefällt Ihnen London?*
Would you like a drink?	*Möchten Sie etwas trinken?*
I would like …	*Ich hätte gerne …*
whether he likes it or not	*ob er will oder nicht*
As you like!	*Wie Sie wollen!*

Besonderheiten

Normalerweise folgt auf das Verb like immer ein Objekt. Deshalb antwortet man z. B. auf die Frage **Did you like this book?**

Yes, I liked it. und nicht: *~~Yes, I liked.~~

Die oben angeführten Wendungen **as you like** und **if you like** bilden dabei eine Ausnahme.

Zwischen **to like swimming** und **to like to swim** gibt es einen Bedeutungsunterschied: Die Konstruktion like **+ -ing Form** benutzt man, wenn man sagen möchte, dass man im allgemeinen gerne schwimmen geht und like **+ Infinitiv**, wenn man zu einer bestimmten Gelegenheit gerne schwimmt:

I like swimming.	*Ich gehe gerne schwimmen.*
I like to swim when it's hot.	*Ich schwimme gerne, wenn es heiß ist.*

Eigene Notizen:

listen *zuhören*

Simple

Present Simple

I	listen
you	listen
he/she/it	listens
we	listen
you	listen
they	listen

Past Simple

I	listened
you	listened
he/she/it	listened
we	listened
you	listened
they	listened

Present Perfect

I	have	listened
you	have	listened
he/she/it	has	listened
we	have	listened
you	have	listened
they	have	listened

Past Perfect

I	had	listened
you	had	listened
he/she/it	had	listened
we	had	listened
you	had	listened
they	had	listened

Continuous

Present Continuous

I	am	listening
you	are	listening
he/she/it	is	listening
we	are	listening
you	are	listening
they	are	listening

Past Continuous

I	was	listening
you	were	listening
he/she/it	was	listening
we	were	listening
you	were	listening
they	were	listening

Present Perfect Continuous

I	have been	listening
you	have been	listening
he/she/it	has been	listening
we	have been	listening
you	have been	listening
they	have been	listening

Past Perfect Continuous

I	had	been	listening
you	had	been	listening
he/she/it	had	been	listening
we	had	been	listening
you	had	been	listening
they	had	been	listening

Future

Future I

lI	will	listen
you	will	listen
he/she/it	will	listen
we	will	listen
you	will	listen
they	will	listen

Future I Continuous

I	will be	listening
you	will be	listening
he/she/it	will be	listening
we	will be	listening
you	will be	listening
they	will be	listening

Future II

I	will have	listened
you	will have	listened
he/she/it	will have	listened
we	will have	listened
you	will have	listened
they	will have	listened

Future II Continuous

I	will have been	listening
you	will have been	listening
he/she/it	will have been	listening
we	will have been	listening
you	will have been	listening
they	will have been	listening

Imperative

listen

Gerund

listening

Past Participle

listened

Conditional

Conditional II

I	would	listen
you	would	listen
he/she/it	would	listen
we	would	listen
you	would	listen
they	would	listen

Conditional Past

I	would have	listened
you	would have	listened
he/she/it	would have	listened
we	would have	listened
you	would have	listened
they	would have	listened

listen *zuhören*

Beispiele und Wendungen

Are you listening at all?
Hörst du überhaupt zu?

to listen to music	*Musik hören*
to listen to the radio	*Radio hören*
to listen hard	*genau hinhören*
to listen carefully	*genau zuhören*
Listen, ...	*Hör mal, ...*
Listen to this!	*Hör dir das an!*
to listen to advice	*auf einen Ratschlag hören*

Weitere Verben

listen up

Listen up! (AE) — *Aufgepasst!*

Besonderheiten

Beachten Sie, dass ein auf listen folgendes Substantiv immer mit **to** angeschlossen wird. Man sagt also:

I was listening to music. und nicht: *~~I was listening music.~~

Tipp

Sehen Sie einmal unter **hear** (Verb Nr. 39) nach, damit Sie die Verben listen (*zuhören*) und **hear** (*hören*) nicht verwechseln!

Setzen Sie sich beim Lernen der Verben realistische Ziele und nehmen Sie sich nicht zu viel auf einmal vor. Lernen Sie lieber mehrmals in der Woche 20 bis 30 Minuten, das ist effektiver als nur einmal 5 Stunden am Stück zu lernen.

Eigene Notizen:

live *leben/wohnen*

+ ***-ing*** → ***e̸*** / + ***-d*** statt ***-ed***

Simple

Present Simple

I	live
you	live
he/she/it	lives
we	live
you	live
they	live

Past Simple

I	lived
you	lived
he/she/it	lived
we	lived
you	lived
they	lived

Present Perfect

I	have	lived
you	have	lived
he/she/it	has	lived
we	have	lived
you	have	lived
they	have	lived

Past Perfect

I	had	lived
you	had	lived
he/she/it	had	lived
we	had	lived
you	had	lived
they	had	lived

Continuous

Present Continuous

I	am	living
you	are	living
he/she/it	is	living
we	are	living
you	are	living
they	are	living

Past Continuous

I	was	living
you	were	living
he/she/it	was	living
we	were	living
you	were	living
they	were	living

Present Perfect Continuous

I	have been	living
you	have been	living
he/she/it	has been	living
we	have been	living
you	have been	living
they	have been	living

Past Perfect Continuous

I	had	been living
you	had	been living
he/she/it	had	been living
we	had	been living
you	had	been living
they	had	been living

Future

Future I

I	will	live
you	will	live
he/she/it	will	live
we	will	live
you	will	live
they	will	live

Future I Continuous

I	will be	living
you	will be	living
he/she/it	will be	living
we	will be	living
you	will be	living
they	will be	living

Future II

I	will have	lived
you	will have	lived
he/she/it	will have	lived
we	will have	lived
you	will have	lived
they	will have	lived

Future II Continuous

I	will have been	living
you	will have been	living
he/she/it	will have been	living
we	will have been	living
you	will have been	living
they	will have been	living

Imperative

live

Gerund

living

Past Participle

lived

Conditional

Conditional II

I	would	live
you	would	live
he/she/it	would	live
we	would	live
you	would	live
they	would	live

Conditional Past

I	would have	lived
you	would have	lived
he/she/it	would have	lived
we	would have	lived
you	would have	lived
they	would have	lived

live *leben/wohnen*

Beispiele und Wendungen

Where do you live?
Wo wohnen Sie?

Sally and John have been living together for three years now.
Sally und John leben nun schon seit drei Jahren zusammen.

to live in New York	*in New York wohnen*
to live in the country	*auf dem Land wohnen*
Will she live?	*Wird sie überleben?*
to live alone	*alleine leben*
to live next door to sb	*neben jmdm. wohnen*
Long live the Queen!	*Lang lebe die Königin!*
to live in fear	*in Angst leben*

Besonderheiten

Wenn man *von etwas leben* ausdrücken möchte, muss man darauf achten, das Verb live mit der jeweils richtigen Präposition zu ergänzen:

to live **by** farming	*von der Landwirtschaft leben*	(Tätigkeit)
to live **off** the welfare	*von der Sozialhilfe leben*	(Geldbetrag)
to live **on** fruit alone	*sich nur von Obst ernähren*	(Lebensmittel)

Tipp

Verwechseln Sie live nicht mit dem Verb **leave** *((ver)lassen)*, dem Substantiv **life** *(Leben)* oder dem Adjektiv **live** *(live/direkt)*! Beachten Sie die unterschiedliche Aussprache dieser Wörter:

I live in London.	[lɪv]	*(leben/wohnen)*	(Verb)
Did you leave him?	[liːv]	*((ver)lassen)*	(Verb)
Life is beautiful.	[laɪf]	*(Leben)*	(Substantiv)
The TV-show was live.	[laɪv]	*(live/direkt)*	(Adjektiv)

Eigene Notizen:

look *sehen*

Simple

Present Simple

I	look
you	look
he/she/it	looks
we	look
you	look
they	look

Past Simple

I	looked
you	looked
he/she/it	looked
we	looked
you	looked
they	looked

Present Perfect

I	have	looked
you	have	looked
he/she/it	has	looked
we	have	looked
you	have	looked
they	have	looked

Past Perfect

I	had	looked
you	had	looked
he/she/it	had	looked
we	had	looked
you	had	looked
they	had	looked

Continuous

Present Continuous

I	am	looking
you	are	looking
he/she/it	is	looking
we	are	looking
you	are	looking
they	are	looking

Past Continuous

I	was	looking
you	were	looking
he/she/it	was	looking
we	were	looking
you	were	looking
they	were	looking

Present Perfect Continuous

I	have been	looking
you	have been	looking
he/she/it	has been	looking
we	have been	looking
you	have been	looking
they	have been	looking

Past Perfect Continuous

I	had been	looking
you	had been	looking
he/she/it	had been	looking
we	had been	looking
you	had been	looking
they	had been	looking

Future

Future I

I	will	look
you	will	look
he/she/it	will	look
we	will	look
you	will	look
they	will	look

Future I Continuous

I	will be	looking
you	will be	looking
he/she/it	will be	looking
we	will be	looking
you	will be	looking
they	will be	looking

Future II

I	will have	looked
you	will have	looked
he/she/it	will have	looked
we	will have	looked
you	will have	looked
they	will have	looked

Future II Continuous

I	will have been	looking
you	will have been	looking
he/she/it	will have been	looking
we	will have been	looking
you	will have been	looking
they	will have been	looking

Imperative

look

Gerund

looking

Past Participle

looked

Conditional

Conditional II

I	would	look
you	would	look
he/she/it	would	look
we	would	look
you	would	look
they	would	look

Conditional Past

I	would have	looked
you	would have	looked
he/she/it	would have	looked
we	would have	looked
you	would have	looked
they	would have	looked

look *sehen*

Beispiele und Wendungen

You look nice in that dress!
Du siehst gut aus in dem Kleid!

She looked him in the eye.
Sie sah ihm in die Augen.

to look at sth	*etwas ansehen / betrachten*
Look at me!	*Sieh mich an!*
Look who's here!	*Sieh mal, wer da ist!*
to look like …	*aussehen wie …*
to keep looking	*weitersuchen*
to look bad / good / tired	*schlecht / gut / müde aussehen*
The window looks north.	*Das Fenster liegt nach Norden hin.*
I'm just looking.	*Ich sehe mich nur um.*

Weitere Verben

look after – look forward – look for – look up

to look after sb	*sich um jmdn. kümmern*
to look forward to sth	*sich auf etw. freuen*
to look for sth	*nach etw. suchen*
to look sth up	*etw. nachschlagen*

Besonderheiten

Beachten Sie, dass ein nach der Wendung **to look forward to** folgendes Verb immer mit der **-ing** Form angeschlossen wird:

I look forward to hear**ing** from you.	*Ich freue mich, von Ihnen zu hören.*

Eigene Notizen:

lose – lost – lost *verlieren*

+ *-ing* → ~~e~~

Simple

Present Simple

I	lose
you	lose
he/she/it	loses
we	lose
you	lose
they	lose

Past Simple

I	lost
you	lost
he/she/it	lost
we	lost
you	lost
they	lost

Present Perfect

I	have	lost
you	have	lost
he/she/it	has	lost
we	have	lost
you	have	lost
they	have	lost

Past Perfect

I	had	lost
you	had	lost
he/she/it	had	lost
we	had	lost
you	had	lost
they	had	lost

Continuous

Present Continuous

I	am	losing
you	are	losing
he/she/it	is	losing
we	are	losing
you	are	losing
they	are	losing

Past Continuous

I	was	losing
you	were	losing
he/she/it	was	losing
we	were	losing
you	were	losing
they	were	losing

Present Perfect Continuous

I	have been	losing
you	have been	losing
he/she/it	has been	losing
we	have been	losing
you	have been	losing
they	have been	losing

Past Perfect Continuous

I	had been	losing
you	had been	losing
he/she/it	had been	losing
we	had been	losing
you	had been	losing
they	had been	losing

Future

Future I

I	will	lose
you	will	lose
he/she/it	will	lose
we	will	lose
you	will	lose
they	will	lose

Future I Continuous

I	will be	losing
you	will be	losing
he/she/it	will be	losing
we	will be	losing
you	will be	losing
they	will be	losing

Future II

I	will have	lost
you	will have	lost
he/she/it	will have	lost
we	will have	lost
you	will have	lost
they	will have	lost

Future II Continuous

I	will have been	losing
you	will have been	losing
he/she/it	will have been	losing
we	will have been	losing
you	will have been	losing
they	will have been	losing

Imperative
lose

Gerund
losing

Past Participle
lost

Conditional

Conditional II

I	would	lose
you	would	lose
he/she/it	would	lose
we	would	lose
you	would	lose
they	would	lose

Conditional Past

I	would have	lost
you	would have	lost
he/she/it	would have	lost
we	would have	lost
you	would have	lost
they	would have	lost

lose *verlieren*

Beispiele und Wendungen

I lost my keys.
Ich habe meine Schlüssel verloren.

You've got nothing to lose!
Du hast nichts zu verlieren!

to lose money / time	*Geld / Zeit verlieren*
There's no time to lose!	*Wir müssen uns beeilen!*
to lose weight	*abnehmen / Gewicht verlieren*
to lose a game / an election	*ein Spiel / eine Wahl verlieren*
to lose a relative	*einen Verwandten verlieren*
Have you lost your mind?	*Hast du den Verstand verloren?*
to lose sight of sth / sb	*etw. / jmdn. aus den Augen verlieren*
to lose touch with sb	*den Kontakt zu jmdm. verlieren*

Besonderheiten

In einigen Konstruktionen wird die Form lost auch als Adjektiv gebraucht:

Is this your lost bag?	*Ist das Ihre verlorene Tasche?*
Has your lost cat turned up?	*Ist deine entlaufene Katze aufgetaucht?*

Tipp

Verwechseln Sie nicht das Verb lose mit dem Adjektiv **loose** (*locker / lose*):

One of my teeth is loose.	*Einer meiner Zähne ist locker.*

Ein kleiner Tipp: Die beiden Wörter unterscheiden sich nicht nur durch ihre unterschiedliche Schreibweise, auch die Aussprache ist verschieden:

lose	[lu:z]	(stimmhaftes **s** am Wortende)
loose	[lu:s]	(stimmloses **s** am Wortende)

Eigene Notizen:

make – made – made *machen*

+ *-ing* → ~~e~~

Simple

Present Simple

I	make
you	make
he/she/it	makes
we	make
you	make
they	make

Past Simple

I	made
you	made
he/she/it	made
we	made
you	made
they	made

Present Perfect

I	have	made
you	have	made
he/she/it	has	made
we	have	made
you	have	made
they	have	made

Past Perfect

I	had	made
you	had	made
he/she/it	had	made
we	had	made
you	had	made
they	had	made

Continuous

Present Continuous

I	am	making
you	are	making
he/she/it	is	making
we	are	making
you	are	making
they	are	making

Past Continuous

I	was	making
you	were	making
he/she/it	was	making
we	were	making
you	were	making
they	were	making

Present Perfect Continuous

I	have been	making
you	have been	making
he/she/it	has been	making
we	have been	making
you	have been	making
they	have been	making

Past Perfect Continuous

I	had been	making
you	had been	making
he/she/it	had been	making
we	had been	making
you	had been	making
they	had been	making

Future

Future I

I	will	make
you	will	make
he/she/it	will	make
we	will	make
you	will	make
they	will	make

Future I Continuous

I	will be	making
you	will be	making
he/she/it	will be	making
we	will be	making
you	will be	making
they	will be	making

Future II

I	will have	made
you	will have	made
he/she/it	will have	made
we	will have	made
you	will have	made
they	will have	made

Future II Continuous

I	will have been	making
you	will have been	making
he/she/it	will have been	making
we	will have been	making
you	will have been	making
they	will have been	making

Imperative

make

Gerund

making

Past Participle

made

Conditional

Conditional II

I	would	make
you	would	make
he/she/it	would	make
we	would	make
you	would	make
they	would	make

Conditional Past

I	would have	made
you	would have	made
he/she/it	would have	made
we	would have	made
you	would have	made
they	would have	made

Beispiele und Wendungen

Did you make this yourself?
Hast du das selbst gemacht?

to make a picture	*ein Foto machen*
to make a cake	*einen Kuchen backen*
Made in ...	*Hergestellt in ...*
to make an appointment	*einen Termin vereinbaren*
to make a decision	*eine Entscheidung treffen*
to make sb laugh	*jmdn. zum Lachen bringen*
to make sb happy	*jmdn. glücklich machen*
That doesn't make sense!	*Das macht/ergibt keinen Sinn!*
to make sb do sth	*jmdn. dazu bringen, etw. zu tun*
You made my day!	*Du hast mir den Tag gerettet!*

Weitere Verben

make up

to make up a story	*eine Geschichte erfinden*

Tipp

Die Verben make und **do** bedeuten beide oft *machen* oder *tun*. Deshalb sollten Sie sie immer in einem vollständigen Satz lernen, denn es gibt keine feste Regel, wann welches dieser Verben benutzt wird. Sehen Sie sich dazu auch das Verb **do** (Verb Nr. 25) an. Hier noch zwei Beispiele, in denen jeweils nur make oder **do** möglich sind:

I made/~~did~~ a terrible mistake.	*(einen Fehler machen)*
Could you do/~~make~~ me a favour?	*(jmdm. einen Gefallen tun)*

Eigene Notizen:

meet – met – met *treffen*

Simple

Present Simple

I	meet
you	meet
he/she/it	meets
we	meet
you	meet
they	meet

Past Simple

I	met
you	met
he/she/it	met
we	met
you	met
they	met

Present Perfect

I	have	met
you	have	met
he/she/it	has	met
we	have	met
you	have	met
they	have	met

Past Perfect

I	had	met
you	had	met
he/she/it	had	met
we	had	met
you	had	met
they	had	met

Continuous

Present Continuous

I	am	meeting
you	are	meeting
he/she/it	is	meeting
we	are	meeting
you	are	meeting
they	are	meeting

Past Continuous

I	was	meeting
you	were	meeting
he/she/it	was	meeting
we	were	meeting
you	were	meeting
they	were	meeting

Present Perfect Continuous

I	have been	meeting
you	have been	meeting
he/she/it	has been	meeting
we	have been	meeting
you	have been	meeting
they	have been	meeting

Past Perfect Continuous

I	had been	meeting
you	had been	meeting
he/she/it	had been	meeting
we	had been	meeting
you	had been	meeting
they	had been	meeting

Future

Future I

I	will	meet
you	will	meet
he/she/it	will	meet
we	will	meet
you	will	meet
they	will	meet

Future I Continuous

I	will be	meeting
you	will be	meeting
he/she/it	will be	meeting
we	will be	meeting
you	will be	meeting
they	will be	meeting

Future II

I	will have	met
you	will have	met
he/she/it	will have	met
we	will have	met
you	will have	met
they	will have	met

Future II Continuous

I	will have been	meeting
you	will have been	meeting
he/she/it	will have been	meeting
we	will have been	meeting
you	will have been	meeting
they	will have been	meeting

Imperative

meet

Gerund

meeting

Past Participle

met

Conditional

Conditional II

I	would	meet
you	would	meet
he/she/it	would	meet
we	would	meet
you	would	meet
they	would	meet

Conditional Past

I	would have	met
you	would have	met
he/she/it	would have	met
we	would have	met
you	would have	met
they	would have	met

meet *treffen*

Beispiele und Wendungen

Yesterday, I met Susan in the pub.
Gestern traf ich Susan in der Kneipe.

Nice to meet you!	*Nett, Sie kennen zu lernen!*
to meet for lunch	*sich zum Mittagessen treffen*
I'd like you to meet ...	*Ich möchte dir gerne ... vorstellen.*
to meet sb in the street	*jmdm. auf der Straße begegnen*
Our eyes met in the crowd.	*Unsere Blicke trafen sich in der Menge.*
to meet a problem	*auf ein Problem stoßen*
to meet an expectation	*einer Erwartung gerecht werden*
to meet a challenge	*sich einer Herausforderung stellen*

Tipp

Beachten Sie, dass meet [miːt] dieselbe Aussprache hat wie das Substantiv **meat** *(Fleisch)* [miːt]!

Wenn man zwei Menschen danach fragen möchte, ob diese sich bereits kennen, kann man meet auch ohne ein anschließendes Objekt benutzen:

Have you met?	*Kennt ihr euch schon?*

Mögliche Antworten auf diese Frage wären zum Beispiel:

No, we haven't met yet.	*Nein, wir kennen uns noch nicht.*
Yes, we've met.	*Ja, wir kennen uns bereits.*

Versuchen Sie, sich diese Gesprächssituation einzuprägen. Wenn Sie dann das nächste Mal jemandem vorgestellt werden, können Sie bereits mit den richtigen Wendungen auf Englisch reagieren!

Ähnlich wie meet werden die Verben **bleed** (bled – bled / *bluten*), **breed** (bred – bred / *züchten, brüten*) und **feed** (fed – fed / *füttern*) konjugiert.

Eigene Notizen:

must / have to *müssen / sollen*

Must kann nur in seiner Grundform gebraucht werden. Ansonsten wird *have to* benutzt. / *Have to* im *Present*- und *Past Continuous* wird meistens mit *always* verwendet und drückt ein negatives Empfinden aus.

Simple

Present Simple

I	must / have to
you	must / have to
he/she/it	must / has to
we	must / have to
you	must / have to
they	must / have to

Past Simple

I	had to
you	had to
he/she/it	had to
we	had to
you	had to
they	had to

Present Perfect

I	have	had to
you	have	had to
he/she/it	has	had to
we	have	had to
you	have	had to
they	have	had to

Past Perfect

I	had	had to
you	had	had to
he/she/it	had	had to
we	had	had to
you	had	had to
they	had	had to

Continuous

Present Continuous

I	am	having to
you	are	having to
he/she/it	is	having to
we	are	having to
you	are	having to
they	are	having to

Past Continuous

I	was	having to
you	were	having to
he/she/it	was	having to
we	were	having to
you	were	having to
they	were	having to

Present Perfect Continuous

I	have been	having to
you	have been	having to
he/she/it	has been	having to
we	have been	having to
you	have been	having to
they	have been	having to

Past Perfect Continuous

I	had	been having to
you	had	been having to
he/she/it	had	been having to
we	had	been having to
you	had	been having to
they	had	been having to

Future

Future I

I	will	have to
you	will	have to
he/she/it	will	have to
we	will	have to
you	will	have to
they	will	have to

Future I Continuous

I	will be	having to
you	will be	having to
he/she/it	will be	having to
we	will be	having to
you	will be	having to
they	will be	having to

Future II

I	will have	had to
you	will have	had to
he/she/it	will have	had to
we	will have	had to
you	will have	had to
they	will have	had to

Future II Continuous

I	will have been	having to
you	will have been	having to
he/she/it	will have been	having to
we	will have been	having to
you	will have been	having to
they	will have been	having to

Imperative

—

Gerund

having to

Past Participle

had to

Conditional

Conditional II

I	would	have to
you	would	have to
he/she/it	would	have to
we	would	have to
you	would	have to
they	would	have to

Conditional Past

I	would have	had to
you	would have	had to
he/she/it	would have	had to
we	would have	had to
you	would have	had to
they	would have	had to

must / have to *müssen / sollen*

Beispiele und Wendungen

You must come and see us soon!
Du musst uns unbedingt bald besuchen kommen!

You mustn't smoke in this restaurant!
In diesem Restaurant dürfen Sie nicht rauchen!

I must take my medicine.	*Ich muss meine Medizin einnehmen.*
You must admit that …	*Du musst zugeben, dass …*
It must be about two o'clock.	*Es muss so gegen zwei Uhr sein.*
Do it if you must.	*Tu, was du nicht lassen kannst.*
You must be joking!	*Du machst wohl Witze!*
I must have been asleep.	*Da habe ich wohl geschlafen.*
You must be crazy!	*Du bist ja wohl verrückt!*
I mustn't forget that …	*Ich darf nicht vergessen, dass …*

Besonderheiten

Da must in der Regel nur im **Present Simple** verwendet wird, benutzt man für alle übrigen Zeitformen die Formel have to:

You will have to call her tomorrow.	*Du wirst sie morgen anrufen müssen.*
He had to leave early.	*Er musste früher gehen.*

Achtung: die negative Form **must not** (kurz **mustn't**) bedeutet *nicht dürfen*!

You mustn't read this.	*Du darfst das nicht lesen!* *~~Du musst das nicht lesen!~~*

Tipp

Wie alle Modalverben (z. B. **can**, **may**, **shall** oder **will**) wird auch must in sehr unterschiedlichen Kontexten benutzt. Nutzen Sie den Platz unten, um sich eigene Notizen zur Verwendung von must zu machen! Mehr zu den Modalverben finden Sie auf Seite 10.

Eigene Notizen:

need *brauchen*

Simple

Present Simple

I	need
you	need
he/she/it	needs
we	need
you	need
they	need

Past Simple

I	needed
you	needed
he/she/it	needed
we	needed
you	needed
they	needed

Present Perfect

I	have	needed
you	have	needed
he/she/it	has	needed
we	have	needed
you	have	needed
they	have	needed

Past Perfect

I	had	needed
you	had	needed
he/she/it	had	needed
we	had	needed
you	had	needed
they	had	needed

Continuous

Present Continuous

I	am	needing
you	are	needing
he/she/it	is	needing
we	are	needing
you	are	needing
they	are	needing

Past Continuous

I	was	needing
you	were	needing
he/she/it	was	needing
we	were	needing
you	were	needing
they	were	needing

Present Perfect Continuous

I	have been	needing
you	have been	needing
he/she/it	has been	needing
we	have been	needing
you	have been	needing
they	have been	needing

Past Perfect Continuous

I	had been	needing
you	had been	needing
he/she/it	had been	needing
we	had been	needing
you	had been	needing
they	had been	needing

Future

Future I

I	will	need
you	will	need
he/she/it	will	need
we	will	need
you	will	need
they	will	need

Future I Continuous

I	will be	needing
you	will be	needing
he/she/it	will be	needing
we	will be	needing
you	will be	needing
they	will be	needing

Future II

I	will have	needed
you	will have	needed
he/she/it	will have	needed
we	will have	needed
you	will have	needed
they	will have	needed

Future II Continuous

I	will have been	needing
you	will have been	needing
he/she/it	will have been	needing
we	will have been	needing
you	will have been	needing
they	will have been	needing

Imperative

—

Gerund

needing

Past Participle

needed

Conditional

Conditional II

I	would	need
you	would	need
he/she/it	would	need
we	would	need
you	would	need
they	would	need

Conditional Past

I	would have	needed
you	would have	needed
he/she/it	would have	needed
we	would have	needed
you	would have	needed
they	would have	needed

need *brauchen*

Beispiele und Wendungen

Do you need anything from the supermarket?
Brauchst du irgendetwas aus dem Supermarkt?

You don't need to do the washing-up.
Du brauchst den Abwasch nicht zu machen.

to need sth / sb (badly)	*etw. / jmdn. (dringend) brauchen*
He needs help!	*Er braucht Hilfe!*
to need to do sth	*etw. tun müssen*
I don't need your comments!	*Deine Kommentare kannst du dir sparen!*
My car needs cleaning.	*Mein Auto müsste gewaschen werden.*
I need hardly say that …	*Ich muss wohl kaum erwähnen, dass …*
Need I say more?	*Mehr muss ich ja wohl kaum dazu sagen!*

Besonderheiten

Im britischen Englisch tritt need sowohl als Vollverb, als auch als Modalverb auf. Vor allem in Fragen und verneinten Aussagesätzen wird need häufig als Modalverb gebraucht:

Need I do the dishes?	*Muss ich das Geschirr spülen?*
You needn't worry.	*Du brauchst dir keine Sorgen zu machen.*

Ein Bedeutungsunterschied zum Gebrauch als Vollverb besteht dabei nicht. Beachten Sie jedoch vor allem, dass nach einem Modalverb (also auch nach need in dieser Funktion) ein Verb im Infinitiv ohne **to** angeschlossen wird und dass Fragen und Verneinungen ohne das Hilfsverb **do** gebildet werden! Eine Übersicht zu den Besonderheiten von Modalverben finden Sie auf Seite 10.

Eigene Notizen:

open *öffnen*

Simple

Present Simple

I	open
you	open
he/she/it	opens
we	open
you	open
they	open

Past Simple

I	opened
you	opened
he/she/it	opened
we	opened
you	opened
they	opened

Present Perfect

I	have	opened
you	have	opened
he/she/it	has	opened
we	have	opened
you	have	opened
they	have	opened

Past Perfect

I	had	opened
you	had	opened
he/she/it	had	opened
we	had	opened
you	had	opened
they	had	opened

Continuous

Present Continuous

I	am	opening
you	are	opening
he/she/it	is	opening
we	are	opening
you	are	opening
they	are	opening

Past Continuous

I	was	opening
you	were	opening
he/she/it	was	opening
we	were	opening
you	were	opening
they	were	opening

Present Perfect Continuous

I	have been	opening
you	have been	opening
he/she/it	has been	opening
we	have been	opening
you	have been	opening
they	have been	opening

Past Perfect Continuous

I	had been	opening
you	had been	opening
he/she/it	had been	opening
we	had been	opening
you	had been	opening
they	had been	opening

Future

Future I

I	will	open
you	will	open
he/she/it	will	open
we	will	open
you	will	open
they	will	open

Future I Continuous

I	will be	opening
you	will be	opening
he/she/it	will be	opening
we	will be	opening
you	will be	opening
they	will be	opening

Future II

I	will have	opened
you	will have	opened
he/she/it	will have	opened
we	will have	opened
you	will have	opened
they	will have	opened

Future II Continuous

I	will have been	opening
you	will have been	opening
he/she/it	will have been	opening
we	will have been	opening
you	will have been	opening
they	will have been	opening

Imperative

open

Gerund

opening

Past Participle

opened

Conditional

Conditional II

I	would	open
you	would	open
he/she/it	would	open
we	would	open
you	would	open
they	would	open

Conditional Past

I	would have	opened
you	would have	opened
he/she/it	would have	opened
we	would have	opened
you	would have	opened
they	would have	opened

open *öffnen*

Beispiele und Wendungen

Could you open the door, please?
Könntest du bitte die Tür aufmachen?

A new Chinese restaurant has opened in Bond Street.
In der Bond Street hat ein neues chinesisches Restaurant eröffnet.

to open a book / newspaper	*ein Buch / eine Zeitung aufschlagen*
to open a window / door	*ein Fenster / eine Tür aufmachen*
to open a bottle / can	*eine Flasche / Dose öffnen*
to open one's eyes	*seine Augen öffnen*
The novel opens with …	*Der Roman beginnt mit …*
to open a shop	*einen Laden eröffnen*
to open a bank account	*ein Bankkonto eröffnen*
Our restaurant opens at 8 p.m.	*Unser Restaurant öffnet um 20 Uhr.*
His new film opens tomorrow.	*Sein neuer Film läuft morgen an.*

Besonderheiten

Beachten Sie, dass man das deutsche Adjektiv *geöffnet* mit **open** übersetzt, und nicht mit **opened**. Man sagt also:

Is the pub open? und nicht: *Is the pub ~~opened~~?

Tipp

In einigen Zusammenhängen – besonders in Verbindung mit Kleidungsstücken – kann man das Verb open nicht benutzen. Man sagt zum Beispiel:

She **unfastened** her belt.	und nicht:	*She ~~opened~~ …
He **undid** the buttons of his shirt.	und nicht:	*He ~~opened~~ …

Das Gegenteil von open ist **close** (Verb Nr. 19) oder **shut** (Verb Nr. 68). Wenn sie möchten, können Sie also diese beiden Verben gleich mitlernen!

Eigene Notizen:

pay – paid – paid *zahlen*

Simple

Present Simple

I	pay
you	pay
he/she/it	pays
we	pay
you	pay
they	pay

Past Simple

I	paid
you	paid
he/she/it	paid
we	paid
you	paid
they	paid

Present Perfect

I	have	paid
you	have	paid
he/she/it	has	paid
we	have	paid
you	have	paid
they	have	paid

Past Perfect

I	had	paid
you	had	paid
he/she/it	had	paid
we	had	paid
you	had	paid
they	had	paid

Continuous

Present Continuous

I	am	paying
you	are	paying
he/she/it	is	paying
we	are	paying
you	are	paying
they	are	paying

Past Continuous

I	was	paying
you	were	paying
he/she/it	was	paying
we	were	paying
you	were	paying
they	were	paying

Present Perfect Continuous

I	have been	paying
you	have been	paying
he/she/it	has been	paying
we	have been	paying
you	have been	paying
they	have been	paying

Past Perfect Continuous

I	had been	paying
you	had been	paying
he/she/it	had been	paying
we	had been	paying
you	had been	paying
they	had been	paying

Future

Future I

I	will	pay
you	will	pay
he/she/it	will	pay
we	will	pay
you	will	pay
they	will	pay

Future I Continuous

I	will be	paying
you	will be	paying
he/she/it	will be	paying
we	will be	paying
you	will be	paying
they	will be	paying

Future II

I	will have	paid
you	will have	paid
he/she/it	will have	paid
we	will have	paid
you	will have	paid
they	will have	paid

Future II Continuous

I	will have been	paying
you	will have been	paying
he/she/it	will have been	paying
we	will have been	paying
you	will have been	paying
they	will have been	paying

Imperative
pay

Gerund
paying

Past Participle
paid

Conditional

Conditional II

I	would	pay
you	would	pay
he/she/it	would	pay
we	would	pay
you	would	pay
they	would	pay

Conditional Past

I	would have	paid
you	would have	paid
he/she/it	would have	paid
we	would have	paid
you	would have	paid
they	would have	paid

pay *zahlen*

Beispiele und Wendungen

I paid £200 for this TV set!
Für diesen Fernseher habe ich 200 Pfund bezahlt!

to pay cash	*bar bezahlen*
to pay by cheque / credit card	*mit Scheck / Kreditkarte bezahlen*
to pay the price for sth	*den Preis für etw. bezahlen*
It pays to learn English.	*Es zahlt sich aus, Englisch zu lernen.*
to pay sb for sth	*jmdm. Geld für etw. geben*
to pay attention to sth	*auf etw. Acht geben*
to pay sb a compliment	*jmdm. ein Kompliment machen*

Weitere Verben

pay back

to pay sth back	*etw. zurückzahlen / heimzahlen*

Besonderheiten

Achten Sie immer auf die richtige Verwendung der Präpositionen:

to pay **for** sth	***für*** *etw. bezahlen*
to pay **by** credit card	***mit*** *Kreditkarte bezahlen*

Tipp

Genauso wie pay werden **lay** (laid – laid / *legen*) und **say** (said – said / *sagen*) konjugiert.

Gegensätze ziehen sich bekanntlich an und prägen sich auch besser ein, wenn es sich um Verben und Wendungen handelt. Lernen Sie also nicht nur das Verb pay, sondern merken Sie sich auch gleich das Gegenteil **cost** (Verb Nr. 22)!

Eigene Notizen:

play *spielen*

Simple

Present Simple

I	play
you	play
he/she/it	plays
we	play
you	play
they	play

Past Simple

I	played
you	played
he/she/it	played
we	played
you	played
they	played

Present Perfect

I	have	played
you	have	played
he/she/it	has	played
we	have	played
you	have	played
they	have	played

Past Perfect

I	had	played
you	had	played
he/she/it	had	played
we	had	played
you	had	played
they	had	played

Continuous

Present Continuous

I	am	playing
you	are	playing
he/she/it	is	playing
we	are	playing
you	are	playing
they	are	playing

Past Continuous

I	was	playing
you	were	playing
he/she/it	was	playing
we	were	playing
you	were	playing
they	were	playing

Present Perfect Continuous

I	have been	playing
you	have been	playing
he/she/it	has been	playing
we	have been	playing
you	have been	playing
they	have been	playing

Past Perfect Continuous

I	had been	playing
you	had been	playing
he/she/it	had been	playing
we	had been	playing
you	had been	playing
they	had been	playing

Future

Future I

I	will	play
you	will	play
he/she/it	will	play
we	will	play
you	will	play
they	will	play

Future I Continuous

I	will be	playing
you	will be	playing
he/she/it	will be	playing
we	will be	playing
you	will be	playing
they	will be	playing

Future II

I	will have	played
you	will have	played
he/she/it	will have	played
we	will have	played
you	will have	played
they	will have	played

Future II Continuous

I	will have been	playing
you	will have been	playing
he/she/it	will have been	playing
we	will have been	playing
you	will have been	playing
they	will have been	playing

Imperative

play

Gerund

playing

Past Participle

played

Conditional

Conditional II

I	would	play
you	would	play
he/she/it	would	play
we	would	play
you	would	play
they	would	play

Conditional Past

I	would have	played
you	would have	played
he/she/it	would have	played
we	would have	played
you	would have	played
they	would have	played

play *spielen*

Beispiele und Wendungen

Do you play tennis?
Spielen Sie Tennis?

The DJ only played old Jazz records last night.
Der DJ legte gestern abend nur alte Jazz-Platten auf.

to play golf / football	*Golf / Fußball spielen*
to play the piano	*Klavier spielen*
to play for money	*um Geld spielen*
to play dumb	*sich taub / dumm stellen*
to play a joke on sb	*jmdm. einen Streich spielen*
Does he play for Liverpool?	*Spielt er bei Liverpool?*

Weitere Verben

play at – play down

What are you playing at?	*Worauf spielst du an?*
to play sth down	*eine Sache herunterspielen*

Tipp

Es gibt viele Wendungen mit play, die mit Sport oder Musik zu tun haben. Welche kennen Sie bereits? Schlagen Sie weitere im Wörterbuch nach und zeichnen Sie ein Diagramm:

soccer
football
basketball
tennis
...

← play →

guitar
percussion
trumpet
piano
...

Eigene Notizen:

put – put – put *setzen / stellen / legen*

Konsonantenverdopplung

Simple

Present Simple

I	put
you	put
he/she/it	puts
we	put
you	put
they	put

Past Simple

I	put
you	put
he/she/it	put
we	put
you	put
they	put

Present Perfect

I	have	put
you	have	put
he/she/it	has	put
we	have	put
you	have	put
they	have	put

Past Perfect

I	had	put
you	had	put
he/she/it	had	put
we	had	put
you	had	put
they	had	put

Continuous

Present Continuous

I	am	putting
you	are	putting
he/she/it	is	putting
we	are	putting
you	are	putting
they	are	putting

Past Continuous

I	was	putting
you	were	putting
he/she/it	was	putting
we	were	putting
you	were	putting
they	were	putting

Present Perfect Continuous

I	have been	putting
you	have been	putting
he/she/it	has been	putting
we	have been	putting
you	have been	putting
they	have been	putting

Past Perfect Continuous

I	had been	putting
you	had been	putting
he/she/it	had been	putting
we	had been	putting
you	had been	putting
they	had been	putting

Future

Future I

I	will	put
you	will	put
he/she/it	will	put
we	will	put
you	will	put
they	will	put

Future I Continuous

I	will be	putting
you	will be	putting
he/she/it	will be	putting
we	will be	putting
you	will be	putting
they	will be	putting

Future II

I	will have	put
you	will have	put
he/she/it	will have	put
we	will have	put
you	will have	put
they	will have	put

Future II Continuous

I	will have been	putting
you	will have been	putting
he/she/it	will have been	putting
we	will have been	putting
you	will have been	putting
they	will have been	putting

Imperative

put

Gerund

putting

Past Participle

put

Conditional

Conditional II

I	would	put
you	would	put
he/she/it	would	put
we	would	put
you	would	put
they	would	put

Conditional Past

I	would have	put
you	would have	put
he/she/it	would have	put
we	would have	put
you	would have	put
they	would have	put

put *setzen / stellen / legen*

Beispiele und Wendungen

Where did I put my shoes?
Wo habe ich nur meine Schuhe hingestellt?

Let me put it this way: I think you should forgive her.
Lass es mich so sagen: Ich denke, Du solltest ihr verzeihen.

to put sth on the table	*etw. auf den Tisch stellen / legen*
to put sth into practice / effect	*etw. in die Tat umsetzen*
to put effort / money into sth	*Mühe / Geld in etw. investieren*
to put sb to the test	*jmdn. auf die Probe stellen*
to put sth right	*etw. in Ordnung bringen*
to put an end to sth	*einer Sache ein Ende bereiten*
to put thoughts into words	*Gedanken in Worte fassen*

Weitere Verben

put down – put off – put on – put out

to put sth down on paper	*etw. aufschreiben*
to put off a meeting	*ein Treffen verschieben*
I need to put on my jacket first.	*Ich muss erst meine Jacke anziehen.*
to put out a candle	*eine Kerze ausmachen*

Tipp

Wie bei put sind auch bei einer Reihe von weiteren Verben alle drei Grundformen gleich. Hier ein paar Beispiele:

bet	bet	bet	*(wetten)*
cost	cost	cost	*(kosten)*

Weitere solche Verben sind z. B. **bid**, **burst**, **cut**, **hit**, **hurt**, **let**, **quit**, **set**, **shut**, **slit**, **split** und **spread**.

Eigene Notizen:

read – read – read *lesen*

Die *Past simple*-Form und das Partizip Perfekt werden wie die Farbe rot – *red* ausgesprochen [red].

Simple

Present Simple

I	read
you	read
he/she/it	reads
we	read
you	read
they	read

Past Simple

I	read
you	read
he/she/it	read
we	read
you	read
they	read

Present Perfect

I	have	read
you	have	read
he/she/it	has	read
we	have	read
you	have	read
they	have	read

Past Perfect

I	had	read
you	had	read
he/she/it	had	read
we	had	read
you	had	read
they	had	read

Continuous

Present Continuous

I	am	reading
you	are	reading
he/she/it	is	reading
we	are	reading
you	are	reading
they	are	reading

Past Continuous

I	was	reading
you	were	reading
he/she/it	was	reading
we	were	reading
you	were	reading
they	were	reading

Present Perfect Continuous

I	have been	reading
you	have been	reading
he/she/it	has been	reading
we	have been	reading
you	have been	reading
they	have been	reading

Past Perfect Continuous

I	had been	reading
you	had been	reading
he/she/it	had been	reading
we	had been	reading
you	had been	reading
they	had been	reading

Future

Future I

I	will	read
you	will	read
he/she/it	will	read
we	will	read
you	will	read
they	will	read

Future I Continuous

I	will be	reading
you	will be	reading
he/she/it	will be	reading
we	will be	reading
you	will be	reading
they	will be	reading

Future II

I	will have	read
you	will have	read
he/she/it	will have	read
we	will have	read
you	will have	read
they	will have	read

Future II Continuous

I	will have been	reading
you	will have been	reading
he/she/it	will have been	reading
we	will have been	reading
you	will have been	reading
they	will have been	reading

Imperative

read

Gerund

reading

Past Participle

read

Conditional

Conditional II

I	would	read
you	would	read
he/she/it	would	read
we	would	read
you	would	read
they	would	read

Conditional Past

I	would have	read
you	would have	read
he/she/it	would have	read
we	would have	read
you	would have	read
they	would have	read

read *lesen*

Beispiele und Wendungen

Have you read 'The Lord of the Rings'?
Hast du ‚Der Herr der Ringe' gelesen?

to read a book / newspaper	*ein Buch / eine Zeitung lesen*
to read sth aloud	*etw. laut vorlesen*
If I've read that well / alright, ...	*Wenn ich das richtig verstehe, ...*
to read between the lines	*zwischen den Zeilen lesen*
to read sb's mind / thoughts	*die Gedanken einer Person lesen*
to read sb's lips	*jmdm. von den Lippen lesen*
Do you read me?	*Verstehst du mich? / Ist das klar?*
to read history	*Geschichte studieren*

Weitere Verben

read out – read up

to read out names from a list	*Namen aus einer Liste laut vorlesen*
to read up on a topic	*sich über ein Thema informieren*

Besonderheiten

Beachten Sie die besondere Aussprache der **Past Simple** Form und des **Past Participle.** Im Gegensatz zum Infinitiv wird bei diesen beiden Formen ein kurzer Vokal gesprochen:

Infinitv	Past Simple	Past Participle
read [riːd]	**read** [red]]	**read** [red]

Oft kann man anhand des Kontexts oder mithilfe von bestimmten Wörtern (z. B. **yesterday**) herausfinden, um welche Form von read es sich jeweils handelt:

You read us a wonderful story yesterday! (Past Simple)
Du hast uns gestern eine wunderschöne Geschichte vorgelesen!

Eigene Notizen:

run – ran – run *laufen / rennen*

Konsonantenverdopplung

Simple

Present Simple

I	run
you	run
he/she/it	runs
we	run
you	run
they	run

Past Simple

I	ran
you	ran
he/she/it	ran
we	ran
you	ran
they	ran

Present Perfect

I	have	run
you	have	run
he/she/it	has	run
we	have	run
you	have	run
they	have	run

Past Perfect

I	had	run
you	had	run
he/she/it	had	run
we	had	run
you	had	run
they	had	run

Continuous

Present Continuous

I	am	running
you	are	running
he/she/it	is	running
we	are	running
you	are	running
they	are	running

Past Continuous

I	was	running
you	were	running
he/she/it	was	running
we	were	running
you	were	running
they	were	running

Present Perfect Continuous

I	have been	running
you	have been	running
he/she/it	has been	running
we	have been	running
you	have been	running
they	have been	running

Past Perfect Continuous

I	had been	running
you	had been	running
he/she/it	had been	running
we	had been	running
you	had been	running
they	had been	running

Future

Future I

I	will	run
you	will	run
he/she/it	will	run
we	will	run
you	will	run
they	will	run

Future I Continuous

I	will be	running
you	will be	running
he/she/it	will be	running
we	will be	running
you	will be	running
they	will be	running

Future II

I	will have	run
you	will have	run
he/she/it	will have	run
we	will have	run
you	will have	run
they	will have	run

Future II Continuous

I	will have been	running
you	will have been	running
he/she/it	will have been	running
we	will have been	running
you	will have been	running
they	will have been	running

Imperative

run

Gerund

running

Past Participle

run

Conditional

Conditional II

I	would	run
you	would	run
he/she/it	would	run
we	would	run
you	would	run
they	would	run

Conditional Past

I	would have	run
you	would have	run
he/she/it	would have	run
we	would have	run
you	would have	run
they	would have	run

run *laufen / rennen*

Beispiele und Wendungen

Peter ran down the street.
Peter rannte die Straße hinunter.

Does this program run on all computers?
Läuft dieses Programm auf allen Computern?

to run for the bus / train	*zum Bus / Zug rennen*
to run a marathon	*einen Marathon laufen*
to run a restaurant	*ein Restaurant führen*
Are the buses running again?	*Verkehren / Fahren die Busse wieder?*
to run an engine	*einen Motor laufen lassen*
The film runs for two hours.	*Der Film dauert zwei Stunden.*
The tap is still running!	*Der Wasserhahn läuft immer noch!*
to run for President	*für das Präsidentenamt kandidieren*
I'm running short of money.	*Mir geht langsam das Geld aus.*

Weitere Verben

run down – run out

The battery is running down.	*Die Batterie wird langsam leer.*
to run out of time / patience	*keine Zeit / Geduld mehr haben*

Tipp

Lesen Sie sich die Wendungen und Beispielsätze mehrmals laut vor. Ändern Sie dabei vielleicht auch einmal den Tonfall: Sprechen Sie die Wendungen und Sätze einmal leise und freundlich, dann laut und ärgerlich, und beim nächsten mal vielleicht so, als würden Sie mit jemandem flirten. Auf diese Weise erhalten die Wörter mehr Bedeutung – und sind leichter zu lernen.

Eigene Notizen:

say – said – said *sagen*

Die Aussprache von *says* weicht von den restlichen Formen ab. Es wird [sez] ausgesprochen.

Simple

Present Simple

I	say
you	say
he/she/it	says
we	say
you	say
they	say

Past Simple

I	said
you	said
he/she/it	said
we	said
you	said
they	said

Present Perfect

I	have	said
you	have	said
he/she/it	has	said
we	have	said
you	have	said
they	have	said

Past Perfect

I	had	said
you	had	said
he/she/it	had	said
we	had	said
you	had	said
they	had	said

Continuous

Present Continuous

I	am	saying
you	are	saying
he/she/it	is	saying
we	are	saying
you	are	saying
they	are	saying

Past Continuous

I	was	saying
you	were	saying
he/she/it	was	saying
we	were	saying
you	were	saying
they	were	saying

Present Perfect Continuous

I	have been	saying
you	have been	saying
he/she/it	has been	saying
we	have been	saying
you	have been	saying
they	have been	saying

Past Perfect Continuous

I	had been	saying
you	had been	saying
he/she/it	had been	saying
we	had been	saying
you	had been	saying
they	had been	saying

Future

Future I

I	will	say
you	will	say
he/she/it	will	say
we	will	say
you	will	say
they	will	say

Future I Continuous

I	will be	saying
you	will be	saying
he/she/it	will be	saying
we	will be	saying
you	will be	saying
they	will be	saying

Future II

I	will have	said
you	will have	said
he/she/it	will have	said
we	will have	said
you	will have	said
they	will have	said

Future II Continuous

I	will have been	saying
you	will have been	saying
he/she/it	will have been	saying
we	will have been	saying
you	will have been	saying
they	will have been	saying

Imperative

say

Gerund

saying

Past Participle

said

Conditional

Conditional II

I	would	say
you	would	say
he/she/it	would	say
we	would	say
you	would	say
they	would	say

Conditional Past

I	would have	said
you	would have	said
he/she/it	would have	said
we	would have	said
you	would have	said
they	would have	said

say *sagen*

Beispiele und Wendungen

What did you say?
Was hast du gesagt?

to say hello / goodbye to sb	*jmdm. Hallo / Auf Wiedersehen sagen*
to have sth / nothing to say	*etw. / nichts zu sagen haben*
You can say that again!	*Das kannst du laut sagen!*
I'm saying that …	*Ich meine, dass …*
The sign says …	*Auf dem Schild steht …*
Let's say …	*Sagen wir mal …*
It says a lot about …	*Das sagt eine Menge über … aus.*
It is said that …	*Man sagt, dass …*
It goes without saying that …	*Es versteht sich von selbst, dass …*

Besonderheiten

Achten Sie auf den Unterschied zwischen say und **tell** (*erzählen*): Say wird häufiger in Verbindung mit direkter Rede benutzt, während man **tell** oft dazu verwendet, jemanden über etwas zu informieren:

She said, "I'm going to spend my holidays in Spain."
She told me about her holidays in Spain.

Nur **tell** kann direkt von einer Person gefolgt werden. Die Person, der man etwas sagen möchte, wird bei say mit **to** angeschlossen:

John told Rebecca that … John said **to** Rebecca that …

Tipp

Genauso wie say werden auch **lay** *(legen)* und **pay** *(zahlen)* konjugiert:

lay laid laid *(legen)*
pay paid paid *(zahlen)*

Eigene Notizen:

see – saw – seen *sehen*

Simple

Present Simple

I	see
you	see
he/she/it	sees
we	see
you	see
they	see

Past Simple

I	saw
you	saw
he/she/it	saw
we	saw
you	saw
they	saw

Present Perfect

I	have	seen
you	have	seen
he/she/it	has	seen
we	have	seen
you	have	seen
they	have	seen

Past Perfect

I	had	seen
you	had	seen
he/she/it	had	seen
we	had	seen
you	had	seen
they	had	seen

Continuous

Present Continuous

I	am	seeing
you	are	seeing
he/she/it	is	seeing
we	are	seeing
you	are	seeing
they	are	seeing

Past Continuous

I	was	seeing
you	were	seeing
he/she/it	was	seeing
we	were	seeing
you	were	seeing
they	were	seeing

Present Perfect Continuous

I	have been	seeing
you	have been	seeing
he/she/it	has been	seeing
we	have been	seeing
you	have been	seeing
they	have been	seeing

Past Perfect Continuous

I	had been	seeing
you	had been	seeing
he/she/it	had been	seeing
we	had been	seeing
you	had been	seeing
they	had been	seeing

Future

Future I

I	will	see
you	will	see
he/she/it	will	see
we	will	see
you	will	see
they	will	see

Future I Continuous

I	will be	seeing
you	will be	seeing
he/she/it	will be	seeing
we	will be	seeing
you	will be	seeing
they	will be	seeing

Future II

I	will have	seen
you	will have	seen
he/she/it	will have	seen
we	will have	seen
you	will have	seen
they	will have	seen

Future II Continuous

I	will have been	seeing
you	will have been	seeing
he/she/it	will have been	seeing
we	will have been	seeing
you	will have been	seeing
they	will have been	seeing

Imperative
see

Gerund
seeing

Past Participle
seen

Conditional

Conditional II

I	would	see
you	would	see
he/she/it	would	see
we	would	see
you	would	see
they	would	see

Conditional Past

I	would have	seen
you	would have	seen
he/she/it	would have	seen
we	would have	seen
you	would have	seen
they	would have	seen

see *sehen*

Beispiele und Wendungen

We haven't seen each other for weeks.
Wir haben uns seit Wochen nicht mehr gesehen.

I can't see very well!	*Ich kann nicht so gut sehen!*
Let me see!	*Lass mich mal sehen!*
to see the point of sth	*den Sinn einer Sache verstehen*
I'll see what I can do.	*Ich schaue mal, was ich tun kann.*
See you! / See you later!	*Bis bald! / Bis später!*
to see a doctor	*einen Arzt aufsuchen*

Besonderheiten

See gehört eigentlich zur Gruppe der **non-progressive verbs** (mehr dazu auf Seite 13). Man findet see aber dennoch in der Verlaufsform, allerdings ändert sich dabei die Bedeutung. Vergleichen Sie:

I see a pig.	*Ich sehe ein Schwein.*
I'm seeing a pig.	*Ich bin mit einem Schwein zusammen.*

Beachten Sie den Unterschied zwischen den Verben see, **look at** und **watch**. Während see ganz allgemein *sehen* bedeutet, benutzt man **look at**, wenn man eine Person oder einen Gegenstand *anschaut* und **watch**, wenn man *fernsieht* oder sich einen *Film anschaut*:

I can't see anything.	*Ich kann nichts sehen.*
She's looking at me.	*Sie schaut mich an.*
He's watching TV.	*Er sieht fern.*

Tipp

Die Verben see und **saw** können leicht miteinander verwechselt werden:

see	saw	seen	*(sehen)*
saw	sawed	sawn (BE) / sawed (AE)	*(sägen)*

Eigene Notizen:

sell – sold – sold *verkaufen*

Simple

Present Simple

I	sell
you	sell
he/she/it	sells
we	sell
you	sell
they	sell

Past Simple

I	sold
you	sold
he/she/it	sold
we	sold
you	sold
they	sold

Present Perfect

I	have	sold
you	have	sold
he/she/it	has	sold
we	have	sold
you	have	sold
they	have	sold

Past Perfect

I	had	sold
you	had	sold
he/she/it	had	sold
we	had	sold
you	had	sold
they	had	sold

Continuous

Present Continuous

I	am	selling
you	are	selling
he/she/it	is	selling
we	are	selling
you	are	selling
they	are	selling

Past Continuous

I	was	selling
you	were	selling
he/she/it	was	selling
we	were	selling
you	were	selling
they	were	selling

Present Perfect Continuous

I	have been	selling
you	have been	selling
he/she/it	has been	selling
we	have been	selling
you	have been	selling
they	have been	selling

Past Perfect Continuous

I	had been	selling
you	had been	selling
he/she/it	had been	selling
we	had been	selling
you	had been	selling
they	had been	selling

Future

Future I

I	will	sell
you	will	sell
he/she/it	will	sell
we	will	sell
you	will	sell
they	will	sell

Future I Continuous

I	will be	selling
you	will be	selling
he/she/it	will be	selling
we	will be	selling
you	will be	selling
they	will be	selling

Future II

I	will have	sold
you	will have	sold
he/she/it	will have	sold
we	will have	sold
you	will have	sold
they	will have	sold

Future II Continuous

I	will have been	selling
you	will have been	selling
he/she/it	will have been	selling
we	will have been	selling
you	will have been	selling
they	will have been	selling

Imperative

sell

Gerund

selling

Past Participle

sold

Conditional

Conditional II

I	would	sell
you	would	sell
he/she/it	would	sell
we	would	sell
you	would	sell
they	would	sell

Conditional Past

I	would have	sold
you	would have	sold
he/she/it	would have	sold
we	would have	sold
you	would have	sold
they	would have	sold

sell *verkaufen*

Beispiele und Wendungen

Did you sell your car?
Hast du dein Auto verkauft?

Her new book sold over 10.000 copies.
Von ihrem neuen Buch wurden über 10.000 Exemplare verkauft.

to sell a car / house to sb	*jmdm. ein Auto / ein Haus verkaufen*
to sell sth at / for £80	*etw. für 80 Pfund verkaufen*
to sell well / badly	*sich gut / schlecht verkaufen*
to sell like hot cakes	*weggehen wie warme Semmeln*
to know how to sell oneself	*wissen, wie man sich verkauft*
My ideas didn't sell.	*Meine Ideen kamen nicht an.*

Weitere Verben

sell out

The tickets were sold out. — *Die Eintrittskarten waren ausverkauft.*

Tipp

Genauso wie sell wird das Verb **tell** *(erzählen)* konjugiert:

sell	sold	sold	*(verkaufen)*
tell	told	told	*(erzählen)*

Hören Sie sich so viele Originalaufnahmen wie möglich auf Englisch an und sprechen Sie viel nach. Versuchen Sie dabei vor allem, auf den richtigen Tonfall bei der Aussprache von Verbformen zu achten. Im Internet finden Sie zum Beispiel zu vielen Themen *Podcasts*, kurze vertonte Beiträge, meist als MP3, die Sie sich runterladen und unterwegs anhören können. Schauen Sie doch einmal bei www.PONScast.de vorbei!

Eigene Notizen:

send – sent – sent *schicken*

Simple

Present Simple

I	send
you	send
he/she/it	sends
we	send
you	send
they	send

Past Simple

I	sent
you	sent
he/she/it	sent
we	sent
you	sent
they	sent

Present Perfect

I	have	sent
you	have	sent
he/she/it	has	sent
we	have	sent
you	have	sent
they	have	sent

Past Perfect

I	had	sent
you	had	sent
he/she/it	had	sent
we	had	sent
you	had	sent
they	had	sent

Continuous

Present Continuous

I	am	sending
you	are	sending
he/she/it	is	sending
we	are	sending
you	are	sending
they	are	sending

Past Continuous

I	was	sending
you	were	sending
he/she/it	was	sending
we	were	sending
you	were	sending
they	were	sending

Present Perfect Continuous

I	have been	sending
you	have been	sending
he/she/it	has been	sending
we	have been	sending
you	have been	sending
they	have been	sending

Past Perfect Continuous

I	had been	sending
you	had been	sending
he/she/it	had been	sending
we	had been	sending
you	had been	sending
they	had been	sending

Future

Future I

I	will	send
you	will	send
he/she/it	will	send
we	will	send
you	will	send
they	will	send

Future I Continuous

I	will be	sending
you	will be	sending
he/she/it	will be	sending
we	will be	sending
you	will be	sending
they	will be	sending

Future II

I	will have	sent
you	will have	sent
he/she/it	will have	sent
we	will have	sent
you	will have	sent
they	will have	sent

Future II Continuous

I	will have been	sending
you	will have been	sending
he/she/it	will have been	sending
we	will have been	sending
you	will have been	sending
they	will have been	sending

Imperative
send

Gerund
sending

Past Participle
sent

Conditional

Conditional II

I	would	send
you	would	send
he/she/it	would	send
we	would	send
you	would	send
they	would	send

Conditional Past

I	would have	sent
you	would have	sent
he/she/it	would have	sent
we	would have	sent
you	would have	sent
they	would have	sent

send *schicken*

Beispiele und Wendungen

I'm going to send you a postcard!
Ich werde dir eine Postkarte schicken!

The government sent troops to the Middle East.
Die Regierung entsandte Truppen in den Mittleren Osten.

to send sb a letter / parcel	*jmdm. einen Brief / ein Paket schicken*
to send sb a text message	*jmdm. eine SMS schicken*
to send sth by airmail	*etw. per Luftpost schicken*
to send sth via e-mail	*etw. per E-Mail schicken*
to send sb home	*jmdn. nach Hause schicken*
to send sb to prison	*jmdn. ins Gefängnis stecken*
to send one's regards to sb	*jmdm. Grüße übermitteln / bestellen*

Weitere Verben

send for

to send for help	*Hilfe holen lassen*

Besonderheiten

Achtung: Die Formen send und **sent** werden unterschiedlich ausgesprochen:

send [send] (stimmhaftes **d**) → Infinitiv
sent [sent] (stimmloses **t**) → Past Simple / Past Participle

Tipp

Ähnlich wie send werden auch **bend** (bent – bent / *biegen*), **build** (built – built / *bauen*), **lend** (lent – lent / *verleihen*) und **spend** (spent – spent / *ausgeben, verbringen*) konjugiert.

Eigene Notizen:

shut – shut – shut *schließen*

Konsonantenverdopplung

Simple

Present Simple

I	shut
you	shut
he/she/it	shuts
we	shut
you	shut
they	shut

Past Simple

I	shut
you	shut
he/she/it	shut
we	shut
you	shut
they	shut

Present Perfect

I	have	shut
you	have	shut
he/she/it	has	shut
we	have	shut
you	have	shut
they	have	shut

Past Perfect

I	had	shut
you	had	shut
he/she/it	had	shut
we	had	shut
you	had	shut
they	had	shut

Continuous

Present Continuous

I	am	shutting
you	are	shutting
he/she/it	is	shutting
we	are	shutting
you	are	shutting
they	are	shutting

Past Continuous

I	was	shutting
you	were	shutting
he/she/it	was	shutting
we	were	shutting
you	were	shutting
they	were	shutting

Present Perfect Continuous

I	have been	shutting
you	have been	shutting
he/she/it	has been	shutting
we	have been	shutting
you	have been	shutting
they	have been	shutting

Past Perfect Continuous

I	had been	shutting
you	had been	shutting
he/she/it	had been	shutting
we	had been	shutting
you	had been	shutting
they	had been	shutting

Future

Future I

I	will	shut
you	will	shut
he/she/it	will	shut
we	will	shut
you	will	shut
they	will	shut

Future I Continuous

I	will be	shutting
you	will be	shutting
he/she/it	will be	shutting
we	will be	shutting
you	will be	shutting
they	will be	shutting

Future II

I	will have	shut
you	will have	shut
he/she/it	will have	shut
we	will have	shut
you	will have	shut
they	will have	shut

Future II Continuous

I	will have been	shutting
you	will have been	shutting
he/she/it	will have been	shutting
we	will have been	shutting
you	will have been	shutting
they	will have been	shutting

Imperative
shut

Gerund
shutting

Past Participle
shut

Conditional

Conditional II

I	would	shut
you	would	shut
he/she/it	would	shut
we	would	shut
you	would	shut
they	would	shut

Conditional Past

I	would have	shut
you	would have	shut
he/she/it	would have	shut
we	would have	shut
you	would have	shut
they	would have	shut

shut *schließen*

Beispiele und Wendungen

He shut the window with a bang.
Er schloss das Fenster mit einem Knall.

Jenny shut Mark out of her life.
Jenny hat Mark aus ihrem Leben ausgeschlossen.

to shut a door / window	*eine Tür / ein Fenster schließen*
to shut a factory	*eine Fabrik schließen*
to shut one's eyes to sth	*seine Augen vor etw. verschließen*
Shut your mouth!	*Halt den Mund!*

Weitere Verben

shut down – shut in

to shut down an airport	*einen Flughafen sperren*
to shut oneself in	*sich einsperren*

Besonderheiten

Die Form shut wird auch häufig als Adjektiv verwendet:

We stood before shut doors.	*Wir standen vor verschlossenen Türen.*

Tipp

Die Verben shut und **close** haben eine sehr ähnliche Bedeutung. Näheres zur Verwendung dieser beiden Verben können Sie bei **close** (Verb Nr. 19) nachlesen.

Wie bei shut sind auch bei einer Reihe von weiteren Verben alle drei Grundformen gleich, z. B. bei **bet**, **bid**, **burst**, **cost**, **cut**, **hit**, **hurt**, **let**, **put**, **quit**, **set**, **shut**, **slit**, **split** und **spread**.

Eigene Notizen:

sit – sat – sat *sitzen*

Konsonantenverdopplung

Simple

Present Simple

I	sit
you	sit
he/she/it	sits
we	sit
you	sit
they	sit

Past Simple

I	sat
you	sat
he/she/it	sat
we	sat
you	sat
they	sat

Present Perfect

I	have	sat
you	have	sat
he/she/it	has	sat
we	have	sat
you	have	sat
they	have	sat

Past Perfect

I	had	sat
you	had	sat
he/she/it	had	sat
we	had	sat
you	had	sat
they	had	sat

Continuous

Present Continuous

I	am	sitting
you	are	sitting
he/she/it	is	sitting
we	are	sitting
you	are	sitting
they	are	sitting

Past Continuous

I	was	sitting
you	were	sitting
he/she/it	was	sitting
we	were	sitting
you	were	sitting
they	were	sitting

Present Perfect Continuous

I	have been	sitting
you	have been	sitting
he/she/it	has been	sitting
we	have been	sitting
you	have been	sitting
they	have been	sitting

Past Perfect Continuous

I	had been	sitting
you	had been	sitting
he/she/it	had been	sitting
we	had been	sitting
you	had been	sitting
they	had been	sitting

Future

Future I

I	will	sit
you	will	sit
he/she/it	will	sit
we	will	sit
you	will	sit
they	will	sit

Future I Continuous

I	will be	sitting
you	will be	sitting
he/she/it	will be	sitting
we	will be	sitting
you	will be	sitting
they	will be	sitting

Future II

I	will have	sat
you	will have	sat
he/she/it	will have	sat
we	will have	sat
you	will have	sat
they	will have	sat

Future II Continuous

I	will have been	sitting
you	will have been	sitting
he/she/it	will have been	sitting
we	will have been	sitting
you	will have been	sitting
they	will have been	sitting

Imperative

sit

Gerund

sitting

Past Participle

sat

Conditional

Conditional II

I	would	sit
you	would	sit
he/she/it	would	sit
we	would	sit
you	would	sit
they	would	sit

Conditional Past

I	would have	sat
you	would have	sat
he/she/it	would have	sat
we	would have	sat
you	would have	sat
they	would have	sat

sit *sitzen*

Beispiele und Wendungen

He just sat there.
Er saß einfach nur da.

The village sits in the bottom of the valley.
Das Dorf liegt am Fuße des Tals.

to sit on a chair / sofa	*auf einem Stuhl / Sofa sitzen*
to sit at a table / desk	*an einem Tisch / Schreibtisch sitzen*
to sit in an armchair	*in einem Sessel sitzen*
to sit on the shelf	*im / auf dem Regal stehen*
to sit in parliament	*einen Sitz im Parlament haben*
to sit an exam	*eine Prüfung ablegen*
to sit a child on a chair	*ein Kind auf einen Stuhl setzen*

Weitere Verben

sit down

to sit down	*sich hinsetzen*

Tipp

Genauso wie sit wird das Verb **spit** (*spucken*) konjugiert:

sit	sat	sat	*(sitzen)*
spit	spat	spat	*(spucken)*

Erweitern Sie schnell Ihren Wortschatz, indem Sie Verben immer gleich mit dem Gegenteil oder mit einem Synonym lernen, z. B.:

sit ≠ stand, sit ≠ lie, sit down ≠ stand up, … (Gegenteil)
sit = take a seat, stand up = get up, … (Synonym)

Eigene Notizen:

sleep – slept – slept *schlafen*

Simple

Present Simple

I	sleep
you	sleep
he/she/it	sleeps
we	sleep
you	sleep
they	sleep

Past Simple

I	slept
you	slept
he/she/it	slept
we	slept
you	slept
they	slept

Present Perfect

I	have	slept
you	have	slept
he/she/it	has	slept
we	have	slept
you	have	slept
they	have	slept

Past Perfect

I	had	slept
you	had	slept
he/she/it	had	slept
we	had	slept
you	had	slept
they	had	slept

Continuous

Present Continuous

I	am	sleeping
you	are	sleeping
he/she/it	is	sleeping
we	are	sleeping
you	are	sleeping
they	are	sleeping

Past Continuous

I	was	sleeping
you	were	sleeping
he/she/it	was	sleeping
we	were	sleeping
you	were	sleeping
they	were	sleeping

Present Perfect Continuous

I	have been	sleeping
you	have been	sleeping
he/she/it	has been	sleeping
we	have been	sleeping
you	have been	sleeping
they	have been	sleeping

Past Perfect Continuous

I	had been	sleeping
you	had been	sleeping
he/she/it	had been	sleeping
we	had been	sleeping
you	had been	sleeping
they	had been	sleeping

Future

Future I

I	will	sleep
you	will	sleep
he/she/it	will	sleep
we	will	sleep
you	will	sleep
they	will	sleep

Future I Continuous

I	will be	sleeping
you	will be	sleeping
he/she/it	will be	sleeping
we	will be	sleeping
you	will be	sleeping
they	will be	sleeping

Future II

I	will have	slept
you	will have	slept
he/she/it	will have	slept
we	will have	slept
you	will have	slept
they	will have	slept

Future II Continuous

I	will have been	sleeping
you	will have been	sleeping
he/she/it	will have been	sleeping
we	will have been	sleeping
you	will have been	sleeping
they	will have been	sleeping

Imperative
sleep

Gerund
sleeping

Past Participle
slept

Conditional

Conditional II

I	would	sleep
you	would	sleep
he/she/it	would	sleep
we	would	sleep
you	would	sleep
they	would	sleep

Conditional Past

I	would have	slept
you	would have	slept
he/she/it	would have	slept
we	would have	slept
you	would have	slept
they	would have	slept

sleep *schlafen*

Beispiele und Wendungen

Yesterday I slept all day.
Gestern habe ich den ganzen Tag geschlafen.

We'll be sleeping at Sally and Steve's on Saturday night.
Samstagnacht werden wir bei Sally und Steve übernachten.

to sleep in a bed	*in einem Bett schlafen*
to sleep on the floor	*auf dem Boden schlafen*
to sleep late	*lange schlafen / ausschlafen*
to sleep soundly	*tief und fest schlafen*
Sleep tight!	*Schlaf schön!*
to sleep with sb	*mit jmdm. schlafen / Sex haben*
to sleep like a log / baby	*wie ein Stein / Baby schlafen*

Weitere Verben

sleep in – sleep on – oversleep

I'd like to sleep in tomorrow.	*Ich würde morgen gerne ausschlafen.*
Let's sleep on it!	*Schlafen wir erst einmal darüber!*
I must have overslept!	*Ich muss verschlafen haben!*

Tipp

Genauso wie sleep werden eine Reihe von weiteren Verben konjugiert.
Hier ein paar Beispiele:

keep	kept	kept	*(behalten)*
sweep	swept	swept	*(kehren)*

Weitere Verben, die nach diesem Muster konjugiert werden, sind **creep**, **feel**, **kneel** und **weep**.

Eigene Notizen:

speak – spoke – spoken *sprechen*

Simple

Present Simple

I	speak
you	speak
he/she/it	speaks
we	speak
you	speak
they	speak

Past Simple

I	spoke
you	spoke
he/she/it	spoke
we	spoke
you	spoke
they	spoke

Present Perfect

I	have	spoken
you	have	spoken
he/she/it	has	spoken
we	have	spoken
you	have	spoken
they	have	spoken

Past Perfect

I	had	spoken
you	had	spoken
he/she/it	had	spoken
we	had	spoken
you	had	spoken
they	had	spoken

Continuous

Present Continuous

I	am	speaking
you	are	speaking
he/she/it	is	speaking
we	are	speaking
you	are	speaking
they	are	speaking

Past Continuous

I	was	speaking
you	were	speaking
he/she/it	was	speaking
we	were	speaking
you	were	speaking
they	were	speaking

Present Perfect Continuous

I	have been	speaking
you	have been	speaking
he/she/it	has been	speaking
we	have been	speaking
you	have been	speaking
they	have been	speaking

Past Perfect Continuous

I	had been	speaking
you	had been	speaking
he/she/it	had been	speaking
we	had been	speaking
you	had been	speaking
they	had been	speaking

Future

Future I

I	will	speak
you	will	speak
he/she/it	will	speak
we	will	speak
you	will	speak
they	will	speak

Future I Continuous

I	will be	speaking
you	will be	speaking
he/she/it	will be	speaking
we	will be	speaking
you	will be	speaking
they	will be	speaking

Future II

I	will have	spoken
you	will have	spoken
he/she/it	will have	spoken
we	will have	spoken
you	will have	spoken
they	will have	spoken

Future II Continuous

I	will have been	speaking
you	will have been	speaking
he/she/it	will have been	speaking
we	will have been	speaking
you	will have been	speaking
they	will have been	speaking

Imperative

speak

Gerund

speaking

Past Participle

spoken

Conditional

Conditional II

I	would	speak
you	would	speak
he/she/it	would	speak
we	would	speak
you	would	speak
they	would	speak

Conditional Past

I	would have	spoken
you	would have	spoken
he/she/it	would have	spoken
we	would have	spoken
you	would have	spoken
they	would have	spoken

speak *sprechen*

Beispiele und Wendungen

Do you speak English?
Sprechen Sie Englisch?

to speak to sb about sth	*mit jmdm. über etw. sprechen / reden*
to speak a language fluently	*eine Sprache fließend sprechen*
to speak on / over the telephone	*telefonieren*
Generally speaking …	*Im Allgemeinen …*
so to speak	*sozusagen*
to speak in riddles	*in Rätseln sprechen*

Weitere Verben

speak for – speak up

to speak for oneself	*für sich selbst sprechen*
Could you speak up a bit?	*Könnten Sie etwas lauter sprechen?*

Besonderheiten

Die Verben speak (*sprechen*) und **talk** (*sprechen / sich unterhalten*) haben eine sehr ähnliche Bedeutung und können oft synonym verwendet werden. Dabei wird **talk** häufiger bei Unterhaltungen zwischen mehreren Personen benutzt. Speak wird dagegen eher gebraucht, wenn nur eine Person spricht:

We talked for three hours.	*Wir unterhielten uns drei Stunden lang.*
Jim spoke for almost three hours.	*Jim redete fast drei Stunden lang.*

Tipp

Genauso wie speak werden die Verben **break** (broke – broken / *(zer)brechen*), **choose** (chose – chosen / *wählen*), **freeze** (froze – frozen / *(ge)frieren*), **steal** (stole – stolen / *stehlen*) und **wake** (woke – woken / *(auf)wachen*) konjugiert.

Eigene Notizen:

spend – spent – spent *ausgeben / verbringen*

Simple

Present Simple

I	spend
you	spend
he/she/it	spends
we	spend
you	spend
they	spend

Past Simple

I	spent
you	spent
he/she/it	spent
we	spent
you	spent
they	spent

Present Perfect

I	have	spent
you	have	spent
he/she/it	has	spent
we	have	spent
you	have	spent
they	have	spent

Past Perfect

I	had	spent
you	had	spent
he/she/it	had	spent
we	had	spent
you	had	spent
they	had	spent

Continuous

Present Continuous

I	am	spending
you	are	spending
he/she/it	is	spending
we	are	spending
you	are	spending
they	are	spending

Past Continuous

I	was	spending
you	were	spending
he/she/it	was	spending
we	were	spending
you	were	spending
they	were	spending

Present Perfect Continuous

I	have been	spending
you	have been	spending
he/she/it	has been	spending
we	have been	spending
you	have been	spending
they	have been	spending

Past Perfect Continuous

I	had been	spending
you	had been	spending
he/she/it	had been	spending
we	had been	spending
you	had been	spending
they	had been	spending

Future

Future I

I	will	spend
you	will	spend
he/she/it	will	spend
we	will	spend
you	will	spend
they	will	spend

Future I Continuous

I	will be	spending
you	will be	spending
he/she/it	will be	spending
we	will be	spending
you	will be	spending
they	will be	spending

Future II

I	will have	spent
you	will have	spent
he/she/it	will have	spent
we	will have	spent
you	will have	spent
they	will have	spent

Future II Continuous

I	will have been	spending
you	will have been	spending
he/she/it	will have been	spending
we	will have been	spending
you	will have been	spending
they	will have been	spending

Imperative

spend

Gerund

spending

Past Participle

spent

Conditional

Conditional II

I	would	spend
you	would	spend
he/she/it	would	spend
we	would	spend
you	would	spend
they	would	spend

Conditional Past

I	would have	spent
you	would have	spent
he/she/it	would have	spent
we	would have	spent
you	would have	spent
they	would have	spent

spend *ausgeben / verbringen*

Beispiele und Wendungen

How much did you spend on this car?
Wie viel hast du für dieses Auto ausgegeben?

I think you have to spend more energy on your work.
Ich denke, du musst mehr Energie in deine Arbeit investieren.

to spend money on sth	*Geld für etw. ausgeben*
to spend time with sb	*Zeit mit jmdm. verbringen*
to spend a fortune on sth	*für etw. ein Vermögen ausgeben*
That's money well spent!	*Das ist gut investiertes Geld!*
I've spent all my strength / force.	*Ich habe meine ganze Kraft aufgebraucht.*

Besonderheiten

Das **Past Participle spent** kann man auch als Adjektiv verwenden:

I feel spent today.	*Ich fühle mich heute erschöpft.*

Tipp

Ähnlich wie spend werden auch **bend** (bent – bent / *biegen*), **build** (built – built / *bauen*), **lend** (lent – lent / *verleihen*) und **send** (sent – sent / *schicken*) konjugiert.

Versuchen Sie, so viel wie möglich in der Fremdsprache zu sprechen und zu schreiben. Eine gute Möglichkeit ist es, sich einen Tandempartner (z. B. einen Chat-Partner) zu suchen – also jemanden, der Englisch spricht und Deutsch lernen will. Unterhalten Sie sich mit ihm über seine und über Ihre Interessen (abwechselnd ein Treffen auf Englisch, dann eines auf Deutsch). Scheuen Sie sich nicht, über Tätigkeiten und Abläufe zu sprechen. Damit üben Sie die Anwendung der Verben, so dass diese Ihnen immer leichter fallen werden.

Eigene Notizen:

stand – stood – stood *stehen*

Simple

Present Simple

I	stand
you	stand
he/she/it	stands
we	stand
you	stand
they	stand

Past Simple

I	stood
you	stood
he/she/it	stood
we	stood
you	stood
they	stood

Present Perfect

I	have	stood
you	have	stood
he/she/it	has	stood
we	have	stood
you	have	stood
they	have	stood

Past Perfect

I	had	stood
you	had	stood
he/she/it	had	stood
we	had	stood
you	had	stood
they	had	stood

Continuous

Present Continuous

I	am	standing
you	are	standing
he/she/it	is	standing
we	are	standing
you	are	standing
they	are	standing

Past Continuous

I	was	standing
you	were	standing
he/she/it	was	standing
we	were	standing
you	were	standing
they	were	standing

Present Perfect Continuous

I	have been	standing
you	have been	standing
he/she/it	has been	standing
we	have been	standing
you	have been	standing
they	have been	standing

Past Perfect Continuous

I	had been	standing
you	had been	standing
he/she/it	had been	standing
we	had been	standing
you	had been	standing
they	had been	standing

Future

Future I

I	will	stand
you	will	stand
he/she/it	will	stand
we	will	stand
you	will	stand
they	will	stand

Future I Continuous

I	will be	standing
you	will be	standing
he/she/it	will be	standing
we	will be	standing
you	will be	standing
they	will be	standing

Future II

I	will have	stood
you	will have	stood
he/she/it	will have	stood
we	will have	stood
you	will have	stood
they	will have	stood

Future II Continuous

I	will have been	standing
you	will have been	standing
he/she/it	will have been	standing
we	will have been	standing
you	will have been	standing
they	will have been	standing

Imperative

stand

Gerund

standing

Past Participle

stood

Conditional

Conditional II

I	would	stand
you	would	stand
he/she/it	would	stand
we	would	stand
you	would	stand
they	would	stand

Conditional Past

I	would have	stood
you	would have	stood
he/she/it	would have	stood
we	would have	stood
you	would have	stood
they	would have	stood

stand *stehen*

Beispiele und Wendungen

I stood there for almost an hour!
Ich stand dort fast eine Stunde lang!

Mary couldn't stand being alone any longer.
Mary konnte es nicht mehr ertragen, alleine zu sein.

to stand on a table / chair	*auf einem Tisch / Stuhl stehen*
to stand still	*stillstehen*
to stand in sb's way	*jmdm. im Weg stehen*
to stand one's ground	*standhaft bleiben*
to stand up	*aufstehen / sich erheben*
I can't stand it any more!	*Ich halte das nicht mehr aus!*

Weitere Verben

stand by – stand for

I'll stand by you!	*Ich werde zu dir halten!*
What does this abbreviation stand for?	*Wofür steht diese Abkürzung?*

Besonderheiten

Will man das Subjekt des Satzes (z. B. eine Person) und nicht die Handlung beschreiben, benutzt man nach stand ein Adjektiv anstelle eines Adverbs:

Peter stood motionless by the door.	*Peter stand regungslos neben der Tür.*

Tipp

Das Verb **understand** wird nach demselben Muster wie stand konjugiert:

stand	stood	stood	*(stehen)*
understand	understood	understood	*(verstehen)*

Eigene Notizen:

stay *bleiben/übernachten*

Simple

Present Simple

I	stay
you	stay
he/she/it	stays
we	stay
you	stay
they	stay

Past Simple

I	stayed
you	stayed
he/she/it	stayed
we	stayed
you	stayed
they	stayed

Present Perfect

I	have	stayed
you	have	stayed
he/she/it	has	stayed
we	have	stayed
you	have	stayed
they	have	stayed

Past Perfect

I	had	stayed
you	had	stayed
he/she/it	had	stayed
we	had	stayed
you	had	stayed
they	had	stayed

Continuous

Present Continuous

I	am	staying
you	are	staying
he/she/it	is	staying
we	are	staying
you	are	staying
they	are	staying

Past Continuous

I	was	staying
you	were	staying
he/she/it	was	staying
we	were	staying
you	were	staying
they	were	staying

Present Perfect Continuous

I	have been	staying
you	have been	staying
he/she/it	has been	staying
we	have been	staying
you	have been	staying
they	have been	staying

Past Perfect Continuous

I	had been	staying
you	had been	staying
he/she/it	had been	staying
we	had been	staying
you	had been	staying
they	had been	staying

Future

Future I

I	will	stay
you	will	stay
he/she/it	will	stay
we	will	stay
you	will	stay
they	will	stay

Future I Continuous

I	will be	staying
you	will be	staying
he/she/it	will be	staying
we	will be	staying
you	will be	staying
they	will be	staying

Future II

I	will have	stayed
you	will have	stayed
he/she/it	will have	stayed
we	will have	stayed
you	will have	stayed
they	will have	stayed

Future II Continuous

I	will have been	staying
you	will have been	staying
he/she/it	will have been	staying
we	will have been	staying
you	will have been	staying
they	will have been	staying

Imperative
stay

Gerund
staying

Past Participle
stayed

Conditional

Conditional II

I	would	stay
you	would	stay
he/she/it	would	stay
we	would	stay
you	would	stay
they	would	stay

Conditional Past

I	would have	stayed
you	would have	stayed
he/she/it	would have	stayed
we	would have	stayed
you	would have	stayed
they	would have	stayed

stay *bleiben / übernachten*

Beispiele und Wendungen

Why don't you stay for dinner?
Warum bleibst du nicht zum Abendessen?

We stayed in a beautiful village by the sea.
Wir haben in einem schönen Dorf am Meer übernachtet.

to stay at home / in bed	*zu Hause / im Bett bleiben*
to stay at a hotel	*im Hotel wohnen / übernachten*
to stay for two nights	*für zwei Nächte bleiben*
You should come to stay with us!	*Du solltest uns mal besuchen kommen!*
to stay in touch	*in Verbindung / Kontakt bleiben*
to stay awake / cool	*wach / ruhig bleiben*
Stay tuned!	(Im Radio:) *Bleiben Sie dran!*

Weitere Verben

stay away

to stay away from sb	*sich von jmdm. fernhalten*

Besonderheiten

Achtung: Verwechseln Sie stay nicht mit dem deutschen Verb *stehen*, das auf Englisch **stand** (Verb Nr. 73) bedeutet!

Tipp

Wenn andere Menschen in einer Fremdsprache sprechen, hört man oft viele Fehler; meistens merkt man aber die eigenen Fehler nicht. Nehmen Sie sich auf und achten Sie dabei besonders auf die Stellung des Verbs im Satz und die richtige Zeitform! So lernen Sie, Ihre Fehler selbst zu erkennen.

Eigene Notizen:

swim – swam – swum *schwimmen*

Konsonantenverdopplung

Simple

Present Simple

I	swim
you	swim
he/she/it	swims
we	swim
you	swim
they	swim

Past Simple

I	swam
you	swam
he/she/it	swam
we	swam
you	swam
they	swam

Present Perfect

I	have	swum
you	have	swum
he/she/it	has	swum
we	have	swum
you	have	swum
they	have	swum

Past Perfect

I	had	swum
you	had	swum
he/she/it	had	swum
we	had	swum
you	had	swum
they	had	swum

Continuous

Present Continuous

I	am	swimming
you	are	swimming
he/she/it	is	swimming
we	are	swimming
you	are	swimming
they	are	swimming

Past Continuous

I	was	swimming
you	were	swimming
he/she/it	was	swimming
we	were	swimming
you	were	swimming
they	were	swimming

Present Perfect Continuous

I	have been	swimming
you	have been	swimming
he/she/it	has been	swimming
we	have been	swimming
you	have been	swimming
they	have been	swimming

Past Perfect Continuous

I	had been	swimming
you	had been	swimming
he/she/it	had been	swimming
we	had been	swimming
you	had been	swimming
they	had been	swimming

Future

Future I

I	will	swim
you	will	swim
he/she/it	will	swim
we	will	swim
you	will	swim
they	will	swim

Future I Continuous

I	will be	swimming
you	will be	swimming
he/she/it	will be	swimming
we	will be	swimming
you	will be	swimming
they	will be	swimming

Future II

I	will have	swum
you	will have	swum
he/she/it	will have	swum
we	will have	swum
you	will have	swum
they	will have	swum

Future II Continuous

I	will have been	swimming
you	will have been	swimming
he/she/it	will have been	swimming
we	will have been	swimming
you	will have been	swimming
they	will have been	swimming

Imperative

swim

Gerund

swimming

Past Participle

swum

Conditional

Conditional II

I	would	swim
you	would	swim
he/she/it	would	swim
we	would	swim
you	would	swim
they	would	swim

Conditional Past

I	would have	swum
you	would have	swum
he/she/it	would have	swum
we	would have	swum
you	would have	swum
they	would have	swum

swim *schwimmen*

Beispiele und Wendungen

I can't swim!
Ich kann nicht schwimmen!

to swim to the shore	*ans Ufer schwimmen*
to go swimming	*schwimmen gehen*
My head is beginning to swim.	*Mir wird schwindelig.*
The room swam before my eyes.	*Das Zimmer verschwamm vor meinen Augen.*

Besonderheiten

Wenn man den Infinitiv swim oder die Form **swimming** mit bestimmten Substantiven verbindet, entstehen weitere Wörter aus derselben Wortfamilie:

swimsuit	*Badeanzug*
swimming pool	*Schwimmbecken*

Tipp

Ähnlich wie swim werden auch eine Reihe von weiteren Verben konjugiert. Achten Sie dabei besonders auf den Wechsel der Vokale (**i** – **a** – **u**):

begin began begun *(beginnen)*
drink drank drunk *(trinken)*

Weitere Verben nach demselben Muster sind z. B. **ring**, **sing**, **sink**, **spring**, **sting** und **stink**.

Schwimmen gehen ist bei vielen Menschen ein sehr beliebtes Hobby. Bei Ihnen auch? Überlegen Sie sich doch einmal, wie Ihre Hobbys auf Englisch heißen und notieren Sie diese dann unten. Am besten formulieren Sie gleich vollständige Sätze. Hier ein paar Beispiele:

I like to go swimming.	*Ich gehe gerne schwimmen.*
I love hiking.	*Ich liebe es zu wandern.*

Eigene Notizen:

take – took – taken *nehmen*

+ *-ing* → ~~e~~

Simple

Present Simple

I	take
you	take
he/she/it	takes
we	take
you	take
they	take

Past Simple

I	took
you	took
he/she/it	took
we	took
you	took
they	took

Present Perfect

I	have	taken
you	have	taken
he/she/it	has	taken
we	have	taken
you	have	taken
they	have	taken

Past Perfect

I	had	taken
you	had	taken
he/she/it	had	taken
we	had	taken
you	had	taken
they	had	taken

Continuous

Present Continuous

I	am	taking
you	are	taking
he/she/it	is	taking
we	are	taking
you	are	taking
they	are	taking

Past Continuous

I	was	taking
you	were	taking
he/she/it	was	taking
we	were	taking
you	were	taking
they	were	taking

Present Perfect Continuous

I	have been	taking
you	have been	taking
he/she/it	has been	taking
we	have been	taking
you	have been	taking
they	have been	taking

Past Perfect Continuous

I	had been	taking
you	had been	taking
he/she/it	had been	taking
we	had been	taking
you	had been	taking
they	had been	taking

Future

Future I

I	will	take
you	will	take
he/she/it	will	take
we	will	take
you	will	take
they	will	take

Future I Continuous

I	will be	taking
you	will be	taking
he/she/it	will be	taking
we	will be	taking
you	will be	taking
they	will be	taking

Future II

I	will have	taken
you	will have	taken
he/she/it	will have	taken
we	will have	taken
you	will have	taken
they	will have	taken

Future II Continuous

I	will have been	taking
you	will have been	taking
he/she/it	will have been	taking
we	will have been	taking
you	will have been	taking
they	will have been	taking

Imperative

take

Gerund

taking

Past Participle

taken

Conditional

Conditional II

I	would	take
you	would	take
he/she/it	would	take
we	would	take
you	would	take
they	would	take

Conditional Past

I	would have	taken
you	would have	taken
he/she/it	would have	taken
we	would have	taken
you	would have	taken
they	would have	taken

take *nehmen*

Beispiele und Wendungen

Can I take the car today?
Kann ich heute das Auto nehmen?

to take pictures	*Bilder machen / fotografieren*
to take notes	*sich Notizen machen*
The concert takes place in Berlin.	*Das Konzert findet in Berlin statt.*
to take the bus / taxi / train	*mit dem Bus / Taxi / Zug fahren*
to take a walk	*einen Spaziergang machen*
to take a bath / a shower	*ein Bad / eine Dusche nehmen*

Weitere Verben

take off – take up

The plane takes off at five o'clock.	*Das Flugzeug startet um fünf Uhr.*
to take up a job	*eine Stelle antreten*

Besonderheiten

Die Verben take und **last** können beide *dauern* bedeuten. Take wird jedoch eher verwendet, wenn man für eine Aktivität eine bestimmte Zeit braucht. **Last** hingegen benutzt man bei passiven Erfahrungen:

It took two hours to clean the house.	*Es dauerte zwei Stunden, das Haus zu putzen.*
The concert lasted two hours.	*Das Konzert dauerte zwei Stunden.*

Tipp

Sie finden in diesem Buch bei vielen Verben Hinweise auf weitere Verben, die jeweils nach demselben Muster konjugiert werden. Es gibt also verschiedene Gruppen von Verben, die ähnliche Konjugationen besitzen. Wenn Sie nun bei einem Verb jeweils die ganze Gruppe mit demselben Konjugationsmuster mitlernen, erweitern Sie Ihren Wortschatz um ein Vielfaches!

Eigene Notizen:

think – thought – thought *denken*

Simple

Present Simple

I	think
you	think
he/she/it	thinks
we	think
you	think
they	think

Past Simple

I	thought
you	thought
he/she/it	thought
we	thought
you	thought
they	thought

Present Perfect

I	have	thought
you	have	thought
he/she/it	has	thought
we	have	thought
you	have	thought
they	have	thought

Past Perfect

I	had	thought
you	had	thought
he/she/it	had	thought
we	had	thought
you	had	thought
they	had	thought

Continuous

Present Continuous

I	am	thinking
you	are	thinking
he/she/it	is	thinking
we	are	thinking
you	are	thinking
they	are	thinking

Past Continuous

I	was	thinking
you	were	thinking
he/she/it	was	thinking
we	were	thinking
you	were	thinking
they	were	thinking

Present Perfect Continuous

I	have been	thinking
you	have been	thinking
he/she/it	has been	thinking
we	have been	thinking
you	have been	thinking
they	have been	thinking

Past Perfect Continuous

I	had been	thinking
you	had been	thinking
he/she/it	had been	thinking
we	had been	thinking
you	had been	thinking
they	had been	thinking

Future

Future I

I	will	think
you	will	think
he/she/it	will	think
we	will	think
you	will	think
they	will	think

Future I Continuous

I	will be	thinking
you	will be	thinking
he/she/it	will be	thinking
we	will be	thinking
you	will be	thinking
they	will be	thinking

Future II

I	will have	thought
you	will have	thought
he/she/it	will have	thought
we	will have	thought
you	will have	thought
they	will have	thought

Future II Continuous

I	will have been	thinking
you	will have been	thinking
he/she/it	will have been	thinking
we	will have been	thinking
you	will have been	thinking
they	will have been	thinking

Imperative
think

Gerund
thinking

Past Participle
thought

Conditional

Conditional II

I	would	think
you	would	think
he/she/it	would	think
we	would	think
you	would	think
they	would	think

Conditional Past

I	would have	thought
you	would have	thought
he/she/it	would have	thought
we	would have	thought
you	would have	thought
they	would have	thought

think *think*

Beispiele und Wendungen

I think you should call her.
Ich denke, du solltest sie anrufen.

I think that ...	*Ich denke/glaube, dass ...*
to think positively/logically	*positiv/logisch denken*
to think highly of sb	*viel von jmdm. halten*
Think again!	*Denk doch mal nach!*
to think about sb all day	*den ganzen Tag an jmdn. denken*
I need time to think.	*Ich brauche Zeit zum Nachdenken.*

Weitere Verben

think of – think over

Could you think of something?	*Könntest du dir etwas einfallen lassen?*
We should think this over.	*Das sollten wir noch mal überdenken.*

Besonderheiten

Beachten Sie, dass es in der Bedeutung *der Meinung sein* normalerweise nicht üblich ist, die **Continuous Form** von think zu benutzen:

I think/~~am thinking~~ that ...	*Ich bin der Meinung, dass ...*
I am thinking about ...	*Ich denke gerade an ...*

Auf Seite 13 erfahren Sie mehr über Verben, die nicht in der **Continuous Form** stehen!

Tipp

Genauso wie think werden die Verben **bring** (brought – brought/*(her)bringen*), **buy** (bought – bought/*kaufen*), **fight** (fought – fought/*kämpfen*) und **seek** (sought – sought/*suchen, streben*) konjugiert.

Eigene Notizen:

travel *reisen*

Konsonantenverdopplung im BE. Im AE keine Verdopplung.

Simple

Present Simple

I	travel
you	travel
he/she/it	travels
we	travel
you	travel
they	travel

Past Simple

I	travelled
you	travelled
he/she/it	travelled
we	travelled
you	travelled
they	travelled

Present Perfect

I	have	travelled
you	have	travelled
he/she/it	has	travelled
we	have	travelled
you	have	travelled
they	have	travelled

Past Perfect

I	had	travelled
you	had	travelled
he/she/it	had	travelled
we	had	travelled
you	had	travelled
they	had	travelled

Continuous

Present Continuous

I	am	travelling
you	are	travelling
he/she/it	is	travelling
we	are	travelling
you	are	travelling
they	are	travelling

Past Continuous

I	was	travelling
you	were	travelling
he/she/it	was	travelling
we	were	travelling
you	were	travelling
they	were	travelling

Present Perfect Continuous

I	have been	travelling
you	have been	travelling
he/she/it	has been	travelling
we	have been	travelling
you	have been	travelling
they	have been	travelling

Past Perfect Continuous

I	had been	travelling
you	had been	travelling
he/she/it	had been	travelling
we	had been	travelling
you	had been	travelling
they	had been	travelling

Future

Future I

I	will	travel
you	will	travel
he/she/it	will	travel
we	will	travel
you	will	travel
they	will	travel

Future I Continuous

I	will be	travelling
you	will be	travelling
he/she/it	will be	travelling
we	will be	travelling
you	will be	travelling
they	will be	travelling

Future II

I	will have	travelled
you	will have	travelled
he/she/it	will have	travelled
we	will have	travelled
you	will have	travelled
they	will have	travelled

Future II Continuous

I	will have been	travelling
you	will have been	travelling
he/she/it	will have been	travelling
we	will have been	travelling
you	will have been	travelling
they	will have been	travelling

Imperative

travel

Gerund

travelling

Past Participle

travelled

Conditional

Conditional II

I	would	travel
you	would	travel
he/she/it	would	travel
we	would	travel
you	would	travel
they	would	travel

Conditional Past

I	would have	travelled
you	would have	travelled
he/she/it	would have	travelled
we	would have	travelled
you	would have	travelled
they	would have	travelled

travel *reisen*

Beispiele und Wendungen

Do you like travelling?
Verreisen Sie gerne?

Last summer I travelled to Spain with my girlfriend.
Letzten Sommer bin ich mit meiner Freundin nach Spanien gereist.

to travel by car / train	*mit dem Auto / Zug reisen*
He travels to work by car.	*Er fährt mit dem Auto zur Arbeit.*
to travel first-class	*erster Klasse reisen*
to travel widely	*weit reisen*
to travel the country / world	*das Land / die Welt bereisen*
We travelled for five hours.	*Wir fuhren fünf Stunden lang.*
to travel on business	*geschäftlich reisen / unterwegs sein*
to travel light	*mit leichtem Gepäck reisen*

Besonderheiten

Travel wird normalerweise nicht direkt von einem Objekt gefolgt, außer bei der Wendung **to travel the country / world.** Man benötigt also immer die richtige Präposition, wenn man ausdrücken möchte, *wohin* oder *von wo nach wo* man reist:

We travelled **to** Australia.
Mick travels **from** Manchester **to** London every week.

Tipp

Wie bei travel wird im britischen Englisch auch bei **cancel** der Konsonant **l** in der **-ing** Form, im **Past Simple** und **Past Participle** verdoppelt. Beachten Sie aber, dass diese Verdopplung im amerikanischen Englisch nicht stattfindet (mehr dazu lesen Sie auf den Seiten 15 und 17). Sie brauchen sich also nicht zu wundern, wenn Ihnen z. B. beim Lesen unterschiedliche Varianten begegnen.

Eigene Notizen:

visit *besuchen / besichtigen*

Simple

Present Simple

I	visit
you	visit
he/she/it	visits
we	visit
you	visit
they	visit

Past Simple

I	visited
you	visited
he/she/it	visited
we	visited
you	visited
they	visited

Present Perfect

I	have	visited
you	have	visited
he/she/it	has	visited
we	have	visited
you	have	visited
they	have	visited

Past Perfect

I	had	visited
you	had	visited
he/she/it	had	visited
we	had	visited
you	had	visited
they	had	visited

Continuous

Present Continuous

I	am	visiting
you	are	visiting
he/she/it	is	visiting
we	are	visiting
you	are	visiting
they	are	visiting

Past Continuous

I	was	visiting
you	were	visiting
he/she/it	was	visiting
we	were	visiting
you	were	visiting
they	were	visiting

Present Perfect Continuous

I	have been	visiting
you	have been	visiting
he/she/it	has been	visiting
we	have been	visiting
you	have been	visiting
they	have been	visiting

Past Perfect Continuous

I	had been	visiting
you	had been	visiting
he/she/it	had been	visiting
we	had been	visiting
you	had been	visiting
they	had been	visiting

Future

Future I

I	will	visit
you	will	visit
he/she/it	will	visit
we	will	visit
you	will	visit
they	will	visit

Future I Continuous

I	will be	visiting
you	will be	visiting
he/she/it	will be	visiting
we	will be	visiting
you	will be	visiting
they	will be	visiting

Future II

I	will have	visited
you	will have	visited
he/she/it	will have	visited
we	will have	visited
you	will have	visited
they	will have	visited

Future II Continuous

I	will have been	visiting
you	will have been	visiting
he/she/it	will have been	visiting
we	will have been	visiting
you	will have been	visiting
they	will have been	visiting

Imperative
visit

Gerund
visiting

Past Participle
visited

Conditional

Conditional II

I	would	visit
you	would	visit
he/she/it	would	visit
we	would	visit
you	would	visit
they	would	visit

Conditional Past

I	would have	visited
you	would have	visited
he/she/it	would have	visited
we	would have	visited
you	would have	visited
they	would have	visited

visit *besuchen / besichtigen*

Beispiele und Wendungen

You should visit us next week!
Du solltest uns nächste Woche besuchen!

Have you ever visited Stonehenge?
Haben Sie schon einmal Stonehenge besichtigt?

to visit friends	*Freunde besuchen*
to visit a museum / monument	*ein Museum / Denkmal besichtigen*
to visit a country	*ein Land besuchen*
to visit the doctor / dentist	*den Arzt / Zahnarzt aufsuchen*
Come and visit some time!	*Komm mich mal besuchen!*
We're just visiting.	*Wir sind nur zu Besuch da.*
The school inspector will visit the school next week.	*Der Schulinspektor wird nächste Woche die Schule inspizieren.*

Besonderheiten

Visit wird häufig in der geschriebenen Sprache oder im gehobenen Sprachgebrauch verwendet. Etwas weniger förmlich kann man in der gesprochenen Sprache auch oft die folgenden Wendungen für *besuchen* oder *besichtigen* benutzen:

Peter went to see his family.	*Peter besuchte seine Familie.*
Have you ever been to Bath?	*Hast du schon einmal Bath besichtigt?*

Tipp

Jede Zeit ist gut, um die Verben in diesem Buch zu üben. Nutzen Sie Leerlaufzeiten im Wartezimmer, an der Bushaltestelle, am Flughafen, ... Auch wenn Sie dieses Buch einmal nicht dabei haben, sehen Sie sich um und versuchen Sie, Aktivitäten, die Sie beobachten, auf Englisch zu benennen.

Eigene Notizen:

wait *warten*

Simple

Present Simple

I	wait
you	wait
he/she/it	waits
we	wait
you	wait
they	wait

Past Simple

I	waited
you	waited
he/she/it	waited
we	waited
you	waited
they	waited

Present Perfect

I	have	waited
you	have	waited
he/she/it	has	waited
we	have	waited
you	have	waited
they	have	waited

Past Perfect

I	had	waited
you	had	waited
he/she/it	had	waited
we	had	waited
you	had	waited
they	had	waited

Continuous

Present Continuous

I	am	waiting
you	are	waiting
he/she/it	is	waiting
we	are	waiting
you	are	waiting
they	are	waiting

Past Continuous

I	was	waiting
you	were	waiting
he/she/it	was	waiting
we	were	waiting
you	were	waiting
they	were	waiting

Present Perfect Continuous

I	have been	waiting
you	have been	waiting
he/she/it	has been	waiting
we	have been	waiting
you	have been	waiting
they	have been	waiting

Past Perfect Continuous

I	had been	waiting
you	had been	waiting
he/she/it	had been	waiting
we	had been	waiting
you	had been	waiting
they	had been	waiting

Future

Future I

I	will	wait
you	will	wait
he/she/it	will	wait
we	will	wait
you	will	wait
they	will	wait

Future I Continuous

I	will be	waiting
you	will be	waiting
he/she/it	will be	waiting
we	will be	waiting
you	will be	waiting
they	will be	waiting

Future II

I	will have	waited
you	will have	waited
he/she/it	will have	waited
we	will have	waited
you	will have	waited
they	will have	waited

Future II Continuous

I	will have been	waiting
you	will have been	waiting
he/she/it	will have been	waiting
we	will have been	waiting
you	will have been	waiting
they	will have been	waiting

Imperative

wait

Gerund

waiting

Past Participle

waited

Conditional

Conditional II

I	would	wait
you	would	wait
he/she/it	would	wait
we	would	wait
you	would	wait
they	would	wait

Conditional Past

I	would have	waited
you	would have	waited
he/she/it	would have	waited
we	would have	waited
you	would have	waited
they	would have	waited

wait *warten*

Beispiele und Wendungen

I'll wait for you.
Ich werde auf dich warten.

My homework will have to wait until tomorrow.
Meine Hausaufgaben werden bis morgen warten müssen.

to wait for sb / sth	*auf jmdn. / etw. warten*
to wait for three weeks	*drei Wochen lang warten*
to wait at the bus stop	*an der Bushaltestelle warten*
to keep sb waiting	*jmdn. warten lassen*
What are you waiting for?	*Worauf wartest du noch?*
I just can't wait!	*Ich kann es kaum erwarten!*
Wait and see!	*Warten Sie es ab!*

Weitere Verben

wait on

to wait on sb	*jmdn. bedienen*

Besonderheiten

Beachten Sie, dass wait nicht direkt von einem Substantiv gefolgt werden kann.
Wenn man ausdrücken möchte, dass man auf eine Person oder Sache wartet, benötigt man die Präposition **for**. Man sagt also:

I waited **for** you at the station. und nicht: *I ~~waited you~~ at the station.

Bei abstrakten Begriffen kann man jedoch auch das etwas förmlichere Verb **await** *(erwarten)* benutzen. Hier wird das Substantiv direkt angeschlossen:

I'm still awaiting a reply.	*Ich erwarte immer noch eine Antwort.*

Eigene Notizen:

Regelmäßiges Verb
Modalverb

want *wollen / mögen*

Keine *Present Continuous* Form möglich.

Simple

Present Simple

I	want
you	want
he/she/it	wants
we	want
you	want
they	want

Past Simple

I	wanted
you	wanted
he/she/it	wanted
we	wanted
you	wanted
they	wanted

Present Perfect

I	have	wanted
you	have	wanted
he/she/it	has	wanted
we	have	wanted
you	have	wanted
they	have	wanted

Past Perfect

I	had	wanted
you	had	wanted
he/she/it	had	wanted
we	had	wanted
you	had	wanted
they	had	wanted

Continuous

Present Continuous

	I
	you
--	he/she/it
	we
	you
	they

Past Continuous*

I	was	wanting
you	were	wanting
he/she/it	was	wanting
we	were	wanting
you	were	wanting
they	were	wanting

Present Perfect Continuous

I	have	been	wanting
you	have	been	wanting
he/she/it	has	been	wanting
we	have	been	wanting
you	have	been	wanting
they	have	been	wanting

Past Perfect Continuous

I	had	been	wanting
you	had	been	wanting
he/she/it	had	been	wanting
we	had	been	wanting
you	had	been	wanting
they	had	been	wanting

Future

Future I

will	want
will	want
will	want
will	want
will	want
will	want

Future I Continuous

I	will be	wanting
you	will be	wanting
he/she/it	will be	wanting
we	will be	wanting
you	will be	wanting
they	will be	wanting

Future II

I	will have	wanted
you	will have	wanted
he/she/it	will have	wanted
we	will have	wanted
you	will have	wanted
they	will have	wanted

Future II Continuous

I	will have been	wanting
you	will have been	wanting
he/she/it	will have been	wanting
we	will have been	wanting
you	will have been	wanting
they	will have been	wanting

Imperative

want*

Gerund

wanting

Past Participle

wanted

Conditional

Conditional II

I	would	want
you	would	want
he/she/it	would	want
we	would	want
you	would	want
they	would	want

Conditional Past

I	would have	wanted
you	would have	wanted
he/she/it	would have	wanted
we	would have	wanted
you	would have	wanted
they	would have	wanted

*selten

want *wollen/mögen*

Beispiele und Wendungen

I didn't want to hurt you.
Ich wollte dich nicht verletzen.

What do you want?	*Was wollen Sie?*
to want to do sth	*etw. tun wollen*
I don't want to.	*Ich will/möchte nicht.*
to want sb to do sth	*wollen, dass jmd. etw. tut*
Do you want any more tea?	*Möchtest du noch etwas Tee?*
to be wanted by the police	*polizeilich gesucht werden*
My car wants cleaning.	*Mein Auto muss geputzt werden.*

Weitere Verben

want for

We don't want for nothing.	*Uns fehlt es an nichts.*

Besonderheiten

Normalerweise verwendet man want nicht in der **Continuous Form** (mehr dazu lesen Sie auf Seite 13). Sprachen befinden sich jedoch in einem ständigen Wandel und so kommt es immer häufiger vor, dass Ihnen Verben wie want, **like** oder **love** durchaus in der **Continuous Form** begegnen können.

Tipp

Wenn man zum Beispiel in einem Restaurant oder einem Geschäft ausdrücken will, dass man etwas möchte, klingt want sehr unhöflich. Man benutzt stattdessen eher **would like**:

*I want a soup as a starter.	*Ich will eine Suppe als Vorspeise.*
I would like a soup as a starter.	*Ich hätte gerne eine Suppe als Vorspeise.*

Eigene Notizen:

wash *waschen*

+ ***-es*** in 3. Person Singular

Simple

Present Simple

I	wash
you	wash
he/she/it	washes
we	wash
you	wash
they	wash

Past Simple

I	washed
you	washed
he/she/it	washed
we	washed
you	washed
they	washed

Present Perfect

I	have	washed
you	have	washed
he/she/it	has	washed
we	have	washed
you	have	washed
they	have	washed

Past Perfect

I	had	washed
you	had	washed
he/she/it	had	washed
we	had	washed
you	had	washed
they	had	washed

Continuous

Present Continuous

I	am	washing
you	are	washing
he/she/it	is	washing
we	are	washing
you	are	washing
they	are	washing

Past Continuous

I	was	washing
you	were	washing
he/she/it	was	washing
we	were	washing
you	were	washing
they	were	washing

Present Perfect Continuous

I	have been	washing
you	have been	washing
he/she/it	has been	washing
we	have been	washing
you	have been	washing
they	have been	washing

Past Perfect Continuous

I	had been	washing
you	had been	washing
he/she/it	had been	washing
we	had been	washing
you	had been	washing
they	had been	washing

Future

Future I

I	will	wash
you	will	wash
he/she/it	will	wash
we	will	wash
you	will	wash
they	will	wash

Future I Continuous

I	will be	washing
you	will be	washing
he/she/it	will be	washing
we	will be	washing
you	will be	washing
they	will be	washing

Future II

I	will have	washed
you	will have	washed
he/she/it	will have	washed
we	will have	washed
you	will have	washed
they	will have	washed

Future II Continuous

I	will have been	washing
you	will have been	washing
he/she/it	will have been	washing
we	will have been	washing
you	will have been	washing
they	will have been	washing

Imperative
wash

Gerund
washing

Past Participle
washed

Conditional

Conditional II

I	would	wash
you	would	wash
he/she/it	would	wash
we	would	wash
you	would	wash
they	would	wash

Conditional Past

I	would have	washed
you	would have	washed
he/she/it	would have	washed
we	would have	washed
you	would have	washed
they	would have	washed

wash *waschen*

Beispiele und Wendungen

Did you wash the car?
Hast du das Auto gewaschen?

I need to wash before we go to the cinema.
Ich muss mich waschen, bevor wir ins Kino gehen.

to wash one's hair / hands	*sich die Haare / Hände waschen*
to wash the dishes	*abwaschen / das Geschirr spülen*
to wash sth clean	*etw. rein waschen*
to wash well / badly	*sich gut / schlecht waschen lassen*
to wash a wound	*eine Wunde spülen / auswaschen*
to be washed ashore	*an Land gespült werden*

Weitere Verben

wash up

Could you wash up? — *Könntest du das Geschirr spülen?*

Besonderheiten

Beachten Sie, dass man *sich waschen* mit wash alleine übersetzt, und nicht mit **wash oneself**:

I washed and went to bed. — *Ich wusch mich und ging ins Bett.*

Dasselbe gilt übrigens auch für die Verben **dress** *(sich anziehen)* und **shave** *(sich rasieren)*. Mehr zu den reflexiven Verben lesen Sie auf Seite 12.

Tipp

Lesen Sie die Konjugationen von Verben, die Sie gerade lernen, mehrmals laut vor. So bleiben sie besser im Gedächtnis haften.

Eigene Notizen:

wear – wore – worn *tragen*

Simple

Present Simple

I	wear
you	wear
he/she/it	wears
we	wear
you	wear
they	wear

Past Simple

I	wore
you	wore
he/she/it	wore
we	wore
you	wore
they	wore

Present Perfect

I	have	worn
you	have	worn
he/she/it	has	worn
we	have	worn
you	have	worn
they	have	worn

Past Perfect

I	had	worn
you	had	worn
he/she/it	had	worn
we	had	worn
you	had	worn
they	had	worn

Continuous

Present Continuous

I	am	wearing
you	are	wearing
he/she/it	is	wearing
we	are	wearing
you	are	wearing
they	are	wearing

Past Continuous

I	was	wearing
you	were	wearing
he/she/it	was	wearing
we	were	wearing
you	were	wearing
they	were	wearing

Present Perfect Continuous

I	have been	wearing
you	have been	wearing
he/she/it	has been	wearing
we	have been	wearing
you	have been	wearing
they	have been	wearing

Past Perfect Continuous

I	had been	wearing
you	had been	wearing
he/she/it	had been	wearing
we	had been	wearing
you	had been	wearing
they	had been	wearing

Future

Future I

I	will	wear
you	will	wear
he/she/it	will	wear
we	will	wear
you	will	wear
they	will	wear

Future I Continuous

I	will be	wearing
you	will be	wearing
he/she/it	will be	wearing
we	will be	wearing
you	will be	wearing
they	will be	wearing

Future II

I	will have	worn
you	will have	worn
he/she/it	will have	worn
we	will have	worn
you	will have	worn
they	will have	worn

Future II Continuous

I	will have been	wearing
you	will have been	wearing
he/she/it	will have been	wearing
we	will have been	wearing
you	will have been	wearing
they	will have been	wearing

Imperative

wear

Gerund

wearing

Past Participle

worn

Conditional

Conditional II

I	would	wear
you	would	wear
he/she/it	would	wear
we	would	wear
you	would	wear
they	would	wear

Conditional Past

I	would have	worn
you	would have	worn
he/she/it	would have	worn
we	would have	worn
you	would have	worn
they	would have	worn

wear *tragen*

Beispiele und Wendungen

I don't know what to wear!
Ich weiß nicht, was ich anziehen soll!

to wear a skirt / coat	*einen Rock / Mantel tragen*
to wear glasses	*eine Brille tragen*
to wear sth to a party	*etw. zu einer Party tragen / anziehen*
to wear black / white	*schwarz / weiß tragen*
to wear one's hair loose	*sein Haar offen tragen*

Weitere Verben

wear off – wear out

The effect begins to wear off.	*Der Effekt lässt langsam nach.*
I'm completely worn out.	*Ich bin total erschöpft.*
My jeans are worn out.	*Meine Jeans sind ausgetragen.*

Besonderheiten

Wenn jemand etwas zu einer besonderen Gelegenheit anhat, kann man anstelle von wear auch die Konstruktion **be dressed in** benutzen:

Helen was dressed in black.	*Helen trug schwarz.*

Achtung: wear bedeutet *tragen* im Sinne von *anhaben*! Verwechseln Sie wear also nicht mit **carry** (Verb Nr. 15)!

Tipp

Genauso wie wear werden die Verben **swear** und **tear** konjugiert:

swear	swore	sworn	*(schwören)*
tear	tore	torn	*(zerreißen)*

Eigene Notizen:

work *arbeiten*

Simple

Present Simple

I	work
you	work
he/she/it	works
we	work
you	work
they	work

Past Simple

I	worked
you	worked
he/she/it	worked
we	worked
you	worked
they	worked

Present Perfect

I	have	worked
you	have	worked
he/she/it	has	worked
we	have	worked
you	have	worked
they	have	worked

Past Perfect

I	had	worked
you	had	worked
he/she/it	had	worked
we	had	worked
you	had	worked
they	had	worked

Continuous

Present Continuous

I	am	working
you	are	working
he/she/it	is	working
we	are	working
you	are	working
they	are	working

Past Continuous

I	was	working
you	were	working
he/she/it	was	working
we	were	working
you	were	working
they	were	working

Present Perfect Continuous

I	have	been	working
you	have	been	working
he/she/it	has	been	working
we	have	been	working
you	have	been	working
they	have	been	working

Past Perfect Continuous

I	had	been	working
you	had	been	working
he/she/it	had	been	working
we	had	been	working
you	had	been	working
they	had	been	working

Future

Future I

I	will	work
you	will	work
he/she/it	will	work
we	will	work
you	will	work
they	will	work

Future I Continuous

I	will be	working
you	will be	working
he/she/it	will be	working
we	will be	working
you	will be	working
they	will be	working

Future II

I	will have	worked
you	will have	worked
he/she/it	will have	worked
we	will have	worked
you	will have	worked
they	will have	worked

Future II Continuous

I	will have been	working
you	will have been	working
he/she/it	will have been	working
we	will have been	working
you	will have been	working
they	will have been	working

Imperative

work

Gerund

working

Past Participle

worked

Conditional

Conditional II

I	would	work
you	would	work
he/she/it	would	work
we	would	work
you	would	work
they	would	work

Conditional Past

I	would have	worked
you	would have	worked
he/she/it	would have	worked
we	would have	worked
you	would have	worked
they	would have	worked

work *arbeiten*

Beispiele und Wendungen

Where do you work?
Wo arbeiten Sie?

Our TV doesn't work any more.
Unser Fernseher funktioniert nicht mehr.

to work as a lawyer / doctor	*als Rechtsanwalt / Arzt arbeiten*
to work for a company	*für eine Firma arbeiten*
to work Saturdays / nights	*samstags / nachts arbeiten*
to work abroad	*im Ausland arbeiten*
to work hard to do sth	*hart arbeiten, um etw. zu tun*
It works!	*Es funktioniert!*
to work towards sth	*auf etw. hinarbeiten*
We're working on it.	*Wir arbeiten daran.*
to work one's way up	*sich hocharbeiten*

Weitere Verben

work off – work out

to work off stress	*Stress abbauen*
to work out a solution	*eine Lösung erarbeiten / ausarbeiten*

Tipp

Schreiben Sie unbekannte Verben auf kleine Karteikarten. Das englische Verb können Sie auf die eine Seite schreiben, die deutsche Übersetzung auf die andere. Bilden Sie dazu einen Beispielsatz. Wenn Sie sich die Verben eingeprägt haben, legen Sie die Karteikarten zunächst zur Seite. Zur Kontrolle können Sie sie eine Woche später wieder anschauen, um zu sehen, wie viele Verben Sie sich merken konnten.

Eigene Notizen:

write – wrote – written *schreiben*

+ *-ing* → ~~e~~

Simple

Present Simple

I	write
you	write
he/she/it	writes
we	write
you	write
they	write

Past Simple

I	wrote
you	wrote
he/she/it	wrote
we	wrote
you	wrote
they	wrote

Present Perfect

I	have	written
you	have	written
he/she/it	has	written
we	have	written
you	have	written
they	have	written

Past Perfect

I	had	written
you	had	written
he/she/it	had	written
we	had	written
you	had	written
they	had	written

Continuous

Present Continuous

I	am	writing
you	are	writing
he/she/it	is	writing
we	are	writing
you	are	writing
they	are	writing

Past Continuous

I	was	writing
you	were	writing
he/she/it	was	writing
we	were	writing
you	were	writing
they	were	writing

Present Perfect Continuous

I	have been	writing
you	have been	writing
he/she/it	has been	writing
we	have been	writing
you	have been	writing
they	have been	writing

Past Perfect Continuous

I	had been	writing
you	had been	writing
he/she/it	had been	writing
we	had been	writing
you	had been	writing
they	had been	writing

Future

Future I

I	will	write
you	will	write
he/she/it	will	write
we	will	write
you	will	write
they	will	write

Future I Continuous

I	will be	writing
you	will be	writing
he/she/it	will be	writing
we	will be	writing
you	will be	writing
they	will be	writing

Future II

I	will have	written
you	will have	written
he/she/it	will have	written
we	will have	written
you	will have	written
they	will have	written

Future II Continuous

I	will have been	writing
you	will have been	writing
he/she/it	will have been	writing
we	will have been	writing
you	will have been	writing
they	will have been	writing

Imperative
write

Gerund
writing

Past Participle
written

Conditional

Conditional II

I	would	write
you	would	write
he/she/it	would	write
we	would	write
you	would	write
they	would	write

Conditional Past

I	would have	written
you	would have	written
he/she/it	would have	written
we	would have	written
you	would have	written
they	would have	written

write *schreiben*

Beispiele und Wendungen

Have you written to your parents yet?
Hast du deinen Eltern schon geschrieben?

There are a lot of people who don't know how to read and write.
Es gibt viele Menschen, die weder Lesen noch Schreiben können.

to write sb a letter	*jmdm. einen Brief schreiben*
to write an article / a book	*einen Artikel / ein Buch schreiben*
My brother wrote that ...	*Mein Bruder schrieb, dass ...*
to write on / about sth	*über etw. schreiben*
to write sth in English	*etw. auf Englisch verfassen*
to write clearly / legibly	*deutlich / leserlich schreiben*
to write sb a cheque	*jmdm. einen Scheck ausstellen*

Weitere Verben

write back – write down – write off

Write back soon!	*Schreib bald zurück!*
to write sth down	*etw. aufschreiben / niederschreiben*
He's written her off already.	*Er hat sie bereits abgeschrieben.*

Tipp

Genauso wie write (wrote – written) wird das Verb **ride** (rode – ridden / *reiten, fahren*) konjugiert.

Sprechen Sie die Verben beim Lernen so aus, dass sie etwas von der Bedeutung widerspiegeln. Wenn Sie z. B. eine Wendung mit write lernen, denken Sie an ein langsames Schreibtempo und sprechen sie, als ob sie die Wendung jemandem diktieren würden.

Eigene Notizen:

Unregelmäßige englische Verben

Infinitive *Infinitiv*	**Past Simple** *Vergangenheit*	**Past Participle** *Partizip Perfekt*	**German** *Deutsch*
arise	arose	arisen	*sich ergeben, entstehen*
awake	awoke	awoken	*erwachen*
be	was / were	been	*sein*
bear	bore	borne	*tragen, ertragen*
beat	beat	beaten	*schlagen*
become	became	become	*werden*
begin	began	begun	*beginnen*
bend	bent	bent	*beugen, verbiegen*
bet	bet, betted	bet, betted	*wetten*
bind	bound	bound	*binden*
bleed	bled	bled	*bluten*
bite	bit	bitten	*beißen*
blow	blew	blown	*blasen*
break	broke	broken	*(zer)brechen*
breed	bred	bred	*züchten, brüten*
bring	brought	brought	*(her)bringen*
build	built	built	*bauen*
burn	burnt	burnt	*verbrennen*
burst	burst	burst	*platzen, aufbrechen*
buy	bought	bought	*kaufen*
can	could	(been able)	*können*
cast	cast	cast	*werfen*
catch	caught	caught	*fangen*
choose	chose	chosen	*wählen*
come	came	come	*kommen*
cost	cost	cost	*kosten*
creep	crept	crept	*schleichen, kriechen*
cut	cut	cut	*schneiden*
dig	dug	dug	*graben*
do	did	done	*machen, tun*
draw	drew	drawn	*zeichnen*
dream	dreamt	dreamt	*träumen*
drink	drank	drunk	*trinken*
drive	drove	driven	*fahren*
eat	ate	eaten	*essen*
fall	fell	fallen	*fallen*
feed	fed	fed	*füttern*
feel	felt	felt	*(sich) fühlen*

fight	fought	fought	*kämpfen*
find	found	found	*finden*
flee	fled	fled	*fliehen, flüchten*
fling	flung	flung	*schleudern*
fly	flew	flown	*fliegen*
forbid	forbad, forbade	forbidden	*verbieten*
forecast	forecast, forecasted	forecast, forecasted	*vorhersagen*
forget	forgot	forgotten	*vergessen*
forgive	forgave	forgiven	*verzeihen*
freeze	froze	frozen	*(ge)frieren*
get	got	got, AE: gotten	*bekommen*
give	gave	given	*geben*
go	went	gone	*gehen*
grind	ground	ground	*(zer)mahlen*
grow	grew	grown	*wachsen*
hang	hung	hung	*hängen*
have	had	had	*haben*
hear	heard	heard	*hören*
hide	hid	hidden	*(sich) verstecken*
hit	hit	hit	*schlagen*
hold	held	held	*halten*
hurt	hurt	hurt	*wehtun*
keep	kept	kept	*behalten*
kneel	knelt	knelt	*knien*
know	knew	known	*wissen, kennen*
lay	laid	laid	*legen*
lead	led	led	*führen*
lean	leant, leaned	leant, leaned	*lehnen, sich neigen*
leap	leapt, leaped	leapt, leaped	*springen*
learn	learnt, learned	learnt, learned	*lernen*
leave	left	left	*(ver)lassen*
lend	lent	lent	*(aus)leihen*
let	let	let	*lassen*
lie	lay	lain	*liegen*
light	lit	lit	*anzünden*
lose	lost	lost	*verlieren*
make	made	made	*machen*
may	might	—	*dürfen*
mean	meant	meant	*bedeuten, meinen*
meet	met	met	*treffen*
mistake	mistook	mistaken	*falsch verstehen*
must	(had to)	(had to)	*müssen*

pay	paid	paid	*bezahlen*
put	put	put	*legen, stellen, setzen*
quit	quit, quitted	quit, quitted	*aufhören*
read	read	read	*lesen*
ride	rode	ridden	*reiten, fahren*
ring	rang	rung	*klingeln*
rise	rose	risen	*aufstehen, (an)steigen*
run	ran	run	*rennen*
saw	sawed	sawn, sawed	*sägen*
say	said	said	*sagen*
see	saw	seen	*sehen*
seek	sought	sought	*suchen, streben*
sell	sold	sold	*verkaufen*
send	sent	sent	*schicken*
set	set	set	*setzen, legen*
sew	sewed	sewn	*nähen*
shake	shook	shaken	*schütteln*
shine	shone	shone	*scheinen*
shoot	shot	shot	*(er)schießen*
show	showed	shown	*zeigen*
shrink	shrank	shrunk	*einlaufen, schrumpfen*
shut	shut	shut	*schließen*
sing	sang	sung	*singen*
sink	sank	sunk	*versenken, sinken*
sit	sat	sat	*sitzen*
sleep	slept	slept	*schlafen*
slide	slid	slid	*rutschen*
smell	smelt	smelt	*riechen*
sow	sowed	sown, sowed	*säen*
speak	spoke	spoken	*sprechen*
spell	spelt, spelled	spelt, spelled	*buchstabieren*
spend	spent	spent	*ausgeben, verbringen*
spill	spilt, spilled	spilt, spilled	*verschütten*
spin	spun	spun	*spinnen, drehen*
spit	spat	spat	*spucken*
split	split	split	*spalten*
spoil	spoilt, spoiled	spoilt, spoiled	*verderben*
spread	spread	spread	*ausbreiten, bestreichen*
stand	stood	stood	*stehen*
steal	stole	stolen	*stehlen*
stick	stuck	stuck	*kleben*
sting	stung	stung	*stechen*
stink	stank	stunk	*stinken*
stride	strode	stridden	*schreiten*

strike	struck	struck	*schlagen*
strive	strove	striven	*sich bemühen*
swear	swore	sworn	*schwören*
sweep	swept	swept	*kehren*
swim	swam	swum	*schwimmen*
swing	swung	swung	*schwingen*
take	took	taken	*nehmen*
teach	taught	taught	*lehren*
tear	tore	torn	*zerreißen*
tell	told	told	*erzählen*
think	thought	thought	*denken*
throw	threw	thrown	*werfen*
understand	understood	understood	*verstehen*
upset	upset	upset	*umstoßen, erschüttern*
wake	woke	woken	*(auf)wachen*
wear	wore	worn	*tragen*
weave	wove	woven	*weben*
weep	wept	wept	*weinen*
win	won	won	*gewinnen*
wind	wound	wound	*wickeln, spulen*
wring	wrung	wrung	*auswringen*
write	wrote	written	*schreiben*

Verben mit Präpositionen

Eine Reihe von Verben treten im Englischen mit bestimmten Präpositionen auf. Manche Verben verlangen dabei immer dieselbe Präposition, andere werden mit verschiedenen Präpositionen benutzt. In diesem Fall verändert die jeweilige Präposition die Bedeutung des Verbs. Hier sehen Sie eine Liste der wichtigsten Kombinationen.

(+ -ing) – nach der Präposition kann ein Verb in der **-ing** Form stehen

account **for** *etw. erklären*	How do you account for the missing cash?
accuse sb **of** (+ **-ing**) *beschuldigen wegen*	The police accused Mike of robbing a bank.
adapt **to** *sich anpassen an*	I found it difficult to adapt to the local customs.
agree **on** (+ **-ing**) *sich einigen über*	We agreed on a special price for the car.
agree **with** sb *mit jmdm. einer Meinung sein*	I agree with you.
apologize **for** sth / (+ **-ing**) *sich entschuldigen für*	You'll have to apologize for that.
apply **for** *sich bewerben um*	Peter is going to apply for a new job.
approve **of** (+ **-ing**) *etw. biligen, genehmigen*	The council approved of our proposals.
arrive **at** *gelangen zu*	We finally arrived at a conclusion.
ask **for** (+ **-ing**) *bitten um*	Don't always ask me for money!
become **of** *werden aus (jmdm.)*	What has become of him?
believe **in** (+ **-ing**) *glauben an*	Do you believe in God?
belong **to** *gehören zu*	This bag belongs to Lillian.
be used **to** (+ **-ing**) *gewöhnt sein an*	I'm not used to getting up so early.
blame sb **for** sth / (+ **-ing**) *jmdm. Schuld geben wegen*	Don't blame your parents for your problems!
blame sth **on** *einer Sache Schuld geben für*	John blamed his bad mood on his illness.

borrow **from** *leihen von*	Mary borrowed the money from her sister.
care **about** *sich interessieren für*	Nick doesn't care about money.
care **for** (+ **-ing**) *sich kümmern um*	He cared for his sick mother.
carry **on** (+ **-ing**) *weitermachen mit*	We carried on talking until way past midnight.
come **about** *zustandekommen*	How did the new rule come about?
come **from** *kommen aus*	Where do you come from?
come **in** *hereinkommen*	Please, come in.
come **out** *mitkommen*	Are you coming out to the pub tonight?
come **up** *aufkommen*	A difficult situation has come up.
complain **about** (+ **-ing**) *sich beschweren über*	I'll have to complain about the service here.
concentrate **on** (+ **-ing**) *sich konzentrieren auf*	You'll really need to concentrate on your work now.
consist **of** (+ **-ing**) *bestehen aus*	This cake mainly consists of eggs, flour and sugar.
cope **with** (+ **-ing**) *etw. bewältigen*	How do you cope with all this work?
deal **with** *sich kümmern um*	It's alright, I'll deal with it.
decide **against** (+ **-ing**) *sich entscheiden gegen*	We decided against cleaning the house.
decide **on** *entscheiden über*	Have you decided on a date yet?
depend **on** (+ **-ing**) *abhängig sein von*	It depends on the weather.
die **of** (+ **-ing**) *sterben an*	My mother died of cancer.
disapprove **of** (+ **-ing**) *etw. missbilligen*	I totally disapprove of this kind of behaviour!

dream **about / of** (+ **-ing**) *träumen von*	Jill sat there dreaming about / of a new life.
escape **from** (+ **-ing**) *flüchten vor*	The bank robbers escaped (from) the police.
feel **like** (+ **-ing**) *Lust haben zu / auf*	I don't feel like dancing today.
forget **about** *jmdn. / etw. vergessen*	Ben forgot about the meeting this morning.
forgive sb **for** (+ **-ing**) *vergeben für*	Please forgive me for breaking your glasses.
get rid **of** *jmdn. / etw. loswerden*	You should get rid of your boyfriend.
get used **to** *sich gewöhnen an*	I can't get used to this situation.
happen **to** *jmdm. zustoßen*	This could have happened to anyone.
hear **from** *von jmdm. hören*	Have you heard from Ivan recently?
insist **on** (+ **-ing**) *bestehen auf*	Harry insisted on paying the bill.
introduce sb **to** *jmdn. vorstellen*	May I introduce you to my wife?
invite sb **to** *jmdn. einladen zu*	I think we should invite Lisa to our party.
keep **from** (+ **-ing**) *abhalten von*	A ban won't keep him from smoking.
keep **on** (+ **-ing**) *weitermachen mit*	We kept on talking for hours.
laugh **at / about** *lachen über*	Will you stop laughing at me?
learn **about** *über etw. lernen*	I learned a lot about the Celts at school.
listen **to** *jmdm. zuhören*	You should listen to me every once in a while.
look **at** *jmdn. / etw. ansehen*	Look at this wonderful picture!
look **for** *suchen nach*	I'm still looking for my keys.

look forward **to** (+ **-ing**) *sich freuen auf*	We look forward to hearing from you soon.
participate **in** *teilnehmen an*	Yesterday I participated in an interesting workshop.
pay **for** (+ **-ing**) *bezahlen für*	Have the tickets been paid for?
prepare **for** *sich vorbereiten auf*	I haven't prepared for next week's exam yet.
prevent sb **from** (+ **-ing**) *jmdn. an etw. hindern*	Tom's injury prevented him from playing football.
put **off** (+ **-ing**) *etw. aufschieben*	I'm afraid we'll have to put off our date.
refer **to** *Bezug nehmen auf*	He always refers to his wife as 'the old woman'.
relate **to** *sich beziehen auf*	The next chapter relates to the history of Scotland.
rely **on** (+ **-ing**) *sich verlassen auf*	You can't rely on the weather in this country.
remind sb **of** *jmdn. erinnern an*	His mother reminds me of Maggie Thatcher.
spend (money) **on** (+ **-ing**) *Geld ausgeben für*	How much money do you spend on shopping?
succeed **in** (+ **-ing**) *Erfolg haben mit*	They will only succeed in making things worse.
suspect sb **of** (+ **-ing**) *jmdn. verdächtigen wegen*	Paul was suspected of robbing a bank.
take care **of** *aufpassen auf*	Could you take care of Liz tonight?
take sb / sth **in** *jmdn. / etw. aufnehmen*	Could you take in the children for a while?
take sb **out** *jmdn. einladen zu*	The Smiths took us out for dinner last night.
take **over** *übernehmen*	Adrian will take over while I'm away.
take **up** *anfangen mit*	Liz took up her new job in June.
talk **about** (+ **-ing**) *sprechen über*	We talked about going on holiday soon.

talk **to** *sprechen mit*	I'd love to talk to your parents about this.
think **about** (+ **-ing**) *nachdenken über*	Have you ever thought about moving to England?
use **for** (+ **-ing**) *verwenden für*	You'll have to use water for cleaning your car.
vote **for** *stimmen für*	Are you going to vote for Labour?
wait **for** *warten auf*	I've been waiting for you the whole day.
work **for** *arbeiten für*	I work for a big company.
worry **about** (+ **-ing**) *sich sorgen über*	Don't worry about Mary, she'll be alright.

Phrasal verbs mit Präpositionen

Auch eine Reihe von sogenannten *phrasal verbs* – Verben, die in Verbindung mit einer Präposition ein neues Verb bilden – werden oft mit bestimmten Präpositionen benutzt, so dass auf das Verb gleich zwei Präpositionen folgen. Hier sehen Sie eine Liste der wichtigsten Kombinationen.

break up **with** *sich trennen von*	Donna broke up with her boyfriend.
catch up **with** *jmdn. einholen*	Hurry, she's catching up with us!
check up **on** *jmdn. überprüfen*	I'll try to check up on that guy.
check out **of** *auschecken aus*	Ms. Baker checked out of the hotel this morning.
come up **with** *auf etw. kommen*	Sue suddenly came up with a good idea.
cut down **on** (+ **-ing**) *etw. einschränken*	You really should cut down on drinking.
drop out **of** *ausscheiden aus*	I dropped out of school at the age of 16.
get along **with** *sich verstehen mit*	Do you get along well with your schoolmates?

get away **from** *flüchten vor*	She finally got away from her pursuers.
get away **with** (+ **-ing**) *davonkommen mit*	You're not going to get away with your excuse!
get back **from** (+ **-ing**) *zurückkommen aus*	When did you get back from Australia?
get back **to** (+ **-ing**) *zurückkehren zu*	I'd like to get back to sleep.
get down **to** (+ **-ing**) *mit etw. beginnen*	I should get down to work now.
get through **with** *fertig werden mit*	I'll never get through with that.
give in **to** *etw. nachgeben*	Emma gave in to the majority.
give up **on** (+ **-ing**) *etw. aufgeben*	Don't give up on life!
go in **for** (+ **-ing**) *etw. mögen*	I've never really gone in for classical music.
grow up **in** *aufwachsen in*	Jackie grew up in Oxfordshire.
keep up **with** *mithalten mit*	It's difficult to keep up with technology.
look down **on** *herabsehen auf*	My older sister always looked down on me.
look up **to** *zu jmdm. aufschauen*	I've always looked up to my parents.
look out **for** *Ausschau halten nach*	We'll look out for you at the station.
put up **with** *sich abfinden mit*	I'm not putting up with this any longer!
run out **of** *etw. nicht mehr haben*	We've run out of milk. Can you go and get some?
stand up **for** *sich einsetzen für*	You'll have to stand up for your rights!
watch out **for** *sich in Acht nehmen vor*	Watch out for the dog!

Alphabetische Verbliste Englisch – Deutsch

In der nachstehenden Liste finden Sie die wichtigsten englischen Verben mit ihrer jeweiligen deutschen Übersetzung in alphabetischer Reihenfolge aufgeführt. Die Zahlen verweisen auf das jeweilige Muster, nach dem das betreffende Verb konjugiert wird.

A

allow *(erlauben)* 1
answer *(antworten)* 2
arrive *(ankommen)* 3
ask *(fragen)* 4

B

be *(sein)* 5
be able to *(können)* 13
become *(werden)* 6
begin *(beginnen)* 7
bend *((ver)biegen)* 47
bet *(wetten)* 22
bid *(bieten)* 22
bind *(binden)* 32
bleed *(bluten)* 55
blow *(blasen)* 33
book *(buchen)* 8
break *((zer)brechen)* 9
breed *(brüten)* 55
bring *((mit)bringen)* 10
build *(bauen)* 47
burn *(verbrennen)* 45
burst *(platzen)* 22
buy *(kaufen)* 11

C

call *((an)rufen)* 12
can *(können)* 13
cancel *(absagen)* 14
carry *(tragen)* 15
cast *(werfen)* 22
catch *(fangen)* 16
change *(ändern)* 17
choose *((aus)wählen)* 18
close *(schließen)* 19
come *(kommen)* 20
cook *(kochen)* 21
cost *(kosten)* 22
creep *(schleichen)* 31
cut *(schneiden)* 23

D

deal *(austeilen)* 45
decide *(entscheiden)* 24
do *(tun)* 25
dream *(träumen)* 45
drink *(trinken)* 26
drive *(fahren)* 27

E

eat *(essen)* 28
enjoy *(genießen)* 29

F

fall *(fallen)* 30
feed *(füttern)* 55
feel *(fühlen)* 31
fight *(kämpfen)* 10
find *(finden)* 32
fly *(fliegen)* 33
forget *(vergessen)* 34
forsake *(verlassen)* 76
freeze *((ge)frieren)* 9

G

get *(bekommen)* 35
give *(geben)* 36
go *(gehen)* 37
grind *((zer)mahlen)* 32
grow *(wachsen)* 33

H

have *(haben)* 38
have to *(müssen)* 56
hear *(hören)* 39
help *(helfen)* 40
hit *(schlagen)* 41
hurt *(wehtun)* 42

I

invite *(einladen)* 43

K

keep *(behalten)* 31
kneel *(knien)* 31
know *(wissen)* 44

L

lay *(legen)* 59
learn *(lernen)* 45
leave *(verlassen)* 46
lend *((aus)leihen)* 47
let *(lassen)* 22
lie *(liegen)* 48
like *(mögen)* 49
listen *(zuhören)* 50
live *(leben)* 51
look *(sehen)* 52
lose *(verlieren)* 53

M

make *(machen)* 54
meet *(treffen)* 55
must *(müssen)* 56

N

need *(brauchen)* 57

O

open *(öffnen)* 58

P

pay *(zahlen)* 59
play *(spielen)* 60
put *(stellen)* 61

Q

quit *(aufhören)* 22

R

read *(lesen)* 62
ride *(reiten)* 85
ring *(klingeln)* 7
run *(rennen)* 63

S

say *(sagen)* 64
see *(sehen)* 65
seek *(suchen)* 10
sell *(verkaufen)* 66
send *(schicken)* 67
set *((fest)setzen)* 22

Alphabetische Verbliste Deutsch – Englisch

Hier finden Sie die deutschen Übersetzungen der in diesem Buch erwähnten englischen Verben in alphabetischer Reihenfolge aufgelistet. Die Zahlen verweisen auf die jeweiligen Muster, nach denen die englischen Verben konjugiert werden.